HOW TO BE A GIRL

HOW TO BE A GIRL

stark, frei und ganz du selbst

JULIA KORBIK

Gabriel

at the time, you are searching. seeking in every corner and
pocket of the world for who you are. take your time,
baby girl. there's no rush to get there. you will sow each
of these chapters in the land that you become. you will see bits
and pieces of them scattered into the skin you grow into. you
don't have to figure everything out now.
time will reveal itself. i promise you.[1]

**BRIEF DER SÄNGERIN SOLANGE KNOWLES
AN IHR TEENAGER-ICH**

Julia Korbik wurde 1988 im Ruhrgebiet geboren und lebt heute als freie Journalistin und Autorin in Berlin. Sie schreibt vor allem über Popkultur und Politik aus feministischer Sicht. Korbik hat in Deutschland und Frankreich Politikwissenschaft, Kommunikationswissenschaft und Journalismus studiert. 2014 erschien ihr erstes Buch »Stand Up. Feminismus für Anfänger und Fortgeschrittene«, 2017 »Oh, Simone! Warum wir Beauvoir wiederentdecken sollten«. Korbik ist nicht nur überzeugte Feministin, sondern auch überzeugte Europäerin: Mit dem Team von cafebabel. com zeigt sie, wie junge Leute Europa täglich leben.
www.juliakorbik.com

Mehr über unsere Bücher, Autoren und Illustratoren auf:
www.gabriel-verlag.de

INHALT

VORWORT

Ich bin in den 1990er-Jahren aufgewachsen, was mir an manchen Tagen vorkommt, als sei es erst gestern gewesen – und an anderen, als seien seither mindestens hundert Jahre vergangen. Es war das Jahrzehnt, in dem Klassiker wie *Jurassic Park* und *Notting Hill* in die Kinos kamen, Grunge in Form von Nirvana und Pearl Jam zur angesagten Musikrichtung wurde und Buffalo-Schuhe mit Plateausohlen ein absolut notwendiges modisches Accessoire waren (meine Mutter weigerte sich – leider oder vielleicht auch zum Glück –, mir derart hässliche Schuhe zu kaufen). Und dann war da noch das Lied der deutschen Sängerin Lucy van Org alias Lucilectric. Es hieß *Mädchen* und der Text ging so:

»Komm doch mal rüber Mann und setz dich zu mir hin / Weil ich 'n Mädchen bin, weil ich 'n Mädchen bin / Keine Widerrede Mann, weil ich ja sowieso gewinn, weil ich 'n Mädchen bin.« »Mädchensein«, so die Botschaft, ist was ziemlich Tolles. Mädchen sind stolz darauf, nehmen sich, was sie wollen, und haben damit stets Erfolg. Ich wollte gerne so sein wie das von Lucilectric besungene Mädchen: frech, unerschrocken, selbstbewusst. Heute bin ich älter (auf jeden Fall) und weiser (zumindest ein bisschen) und denke mir: Mh, das im Song beschriebene Mädchen ist vielleicht doch etwas … eindimensional? Mädchen sind ja vieles, aber das sicher nicht!

Mädchen und jungen Frauen, das hast du bestimmt schon gehört, steht heutzutage die Welt offen. Es geht ihnen nicht schlechter, sondern sogar besser als den Jungs: Sie machen die besseren Schul- und Uni-Abschlüsse, können ihr Leben nach eigenen Vorstellungen gestalten und alles erreichen, was sie wollen. Zumindest theoretisch. Denn praktisch ist das Mädchensein und Frauwerden immer noch mit vielen Schwierigkeiten verknüpft. Du hast es wahrscheinlich schon gemerkt: Das Vorhaben, ein selbstbestimmtes Leben zu führen, ist oft schwieriger in die Tat umzusetzen als gedacht. Und woran liegt das? An den hartnäckig bestehenden Ungleichheiten zwischen Mädchen und Jungen, zwischen Frauen und Männern. Ja, die Frauenbewegung hat viel erreicht und in den letzten Jahrzehnten hat sich das Leben für Mädchen und Frauen in Deutschland generell verbessert: Sie haben mehr Rechte erhalten, mehr Autonomie gewonnen, sie sind emanzipiert. Mädchen- oder Frausein, so schallt es aus allen Ecken, ist etwas Tolles, etwas, auf das man stolz sein kann und soll!

Aber sie sind eben immer noch da, die kleinen und großen Ungleichheiten und Ungerechtigkeiten. Viele davon fallen im Alltag gar nicht auf, weil wir so an sie gewöhnt sind; wie zum Beispiel die Vorstellung davon, was ein »richtiges« Mädchen oder eine »richtige« Frau ausmacht, wie diese auszusehen und sich zu verhalten hat. So wirst du mit der Botschaft konfrontiert, dass Mädchensein zwar toll ist und sich dir beinahe unendliche Möglichkeiten bieten – aber eben nur, wenn du dem entsprichst, was in unserer Kultur und Gesellschaft als »richtiges« Mädchen gilt. Botschaften, die Mädchen tagtäglich zu hören bekommen, sind widersprüchlich und konfus, sie schaffen Verunsicherung und ein Gefühl der Unzulänglichkeit. In diversen Lebensbereichen haben Mädchen und junge Frauen häufig keine echte Wahl, veraltete Denkmuster und Rollenbilder engen sie ein oder behindern sie völlig. Auch wenn sie sich theoretisch frei entfalten können: Praktisch wissen Mädchen und junge Frauen nicht unbedingt, wie sie das bewerkstelligen sollen.

Und hier kommt das Buch ins Spiel, welches du in den Händen hältst. Es will eine Mischung aus Wegweiser und Ratgeber sein; es will nicht vorschreiben, sondern Lust aufs Selberdenken machen, aufs Fragenstellen und Ausprobieren. Es will dir Mut machen, deinen eigenen Weg zu gehen und deinen Blick öffnen für all die Zwänge, Normen und Erwartungen, von denen du als Mädchen so umgeben bist. Es will dich anregen, darüber nachzudenken, was das eigentlich heißt: Mädchensein – und dir dabei helfen, deinen eigenen, ganz persönlichen Platz in der Welt zu finden. Deshalb ist dieses Buch voller Geschichten von inspirierenden Mädchen und Frauen, die ihr Ding gemacht haben bzw. machen, und das oft gegen große Widerstände. Es gibt jede Menge Hinweise wie Listen und Info-Boxen, in denen du Themen noch einmal kompakt aufbereitet findest. Im Anhang findet sich ein umfangreiches

Verzeichnis mit interessanter Literatur, Filmtipps und Internetadressen – zum Weiterlesen, Weiterinformieren, Weitergucken.

Wahrscheinlich wirst du am Ende dieses Buches etwas verwirrt sein und das Gefühl haben, du hättest dieses Mädchensein immer noch nicht richtig begriffen. Keine Panik! Die Wahrheit ist: So ganz wirst du den Dreh wohl nie raushaben, es gibt schließlich nicht *die* eine Art, ein Mädchen zu sein. Ernsthaft, ich bin 30 und habe manchmal den Eindruck, diese Sache mit dem Frausein überhaupt nicht zu kapieren! Doch dann fällt mir ein, dass ich *ich* bin, und mich nicht stumpf danach richten muss, was von Frauen (in meinem Alter) erwartet wird. Das gilt auch für dich: Du bist ein Mädchen, ja, aber vor allem bist du *du*! Dieses Buch mag *How to be a girl* heißen – es ist aber keine Anleitung. Denn was das Girl ausmacht, das entscheidest ganz allein du.

PS: Noch ein kleiner Hinweis zur Schreibweise: Ich verwende das Sternchen, schreibe also »Freund*innen« statt »Freunde und Freundinnen« oder gar nur »Freunde« – so fühlen sich alle angesprochen. In Deutschland wird oft das generische Maskulinum verwendet, das heißt, nur die männliche Schreibweise (»Taxifahrer« oder »Doktoren«), wenn eigentlich männliche und weibliche Personen gemeint sind. Irgendwie ganz schön unfair gegenüber all denen, die nicht männlich sind. Das * macht sichtbar, dass hier nicht nur vom männlichen Teil der Bevölkerung die Rede ist.

TEIL I

WEIL ICH EIN MÄDCHEN BIN ... ODER?

Weil ich ein Mädchen bin ... oder?

Wenn du im Internet das Schlagwort »Mädchensein« in eine Suchmaschine eingibst, landest du schnell bei zwei Artikeln, in denen ausführlich erklärt wird, wie das geht. In denen erklärt wird, wie du ein perfektes[2], ein gutes Mädchen[3] wirst. Da gibt es jede Menge Ratschläge wie: »Halte alles sauber« oder: »Pflege deine Haut«. Aha! Das ist es also, was Mädchensein ausmacht? Sauberkeit und Pfirsichhaut? Bevor du jetzt panisch in den Spiegel starrst und dich fragst, ob deine Pickel dich irgendwie »unmädchenhaft« machen, atme einmal tief durch. Denn Mädchensein beschränkt sich nicht auf ein paar Faktoren wie Sinn für Sauberkeit oder die Beschaffenheit der Haut. Bleibt trotzdem die Frage: Was ist denn ein Mädchen? Was macht ein Mädchen aus? Was macht *dich* aus? Ja, genau dich, die du dieses Buch in den Händen hältst!

Vom Sein und Werden

Gute Frage, schwierige Frage. Eine Frage, an der Wissenschaft und Philosophie sich seit Jahrhunderten die Zähne ausbeißen: Wer bin ich? Und wie werde ich *ich*? Es geht um Persönlichkeit, um Identität. Mittlerweile gibt es eine Fülle an Theorien darüber, welche Faktoren die Entwicklung und Persönlichkeit einzelner Menschen beeinflussen: Gene, die Tatsache, wann und wo man geboren wurde, welche Erfahrungen man wie früh oder spät im Leben gemacht hat, das familiäre und soziale Umfeld ... Letztendlich kann sich die Wissenschaft aber nur darauf einigen, dass wohl alle diese Faktoren eine Rolle spielen. Wie groß ihre jeweilige Rolle ist, darüber wird weiter gestritten.

Weitestgehend Einigkeit herrscht allerdings darüber, dass Kindheit und Jugend enorm wichtig für die persönliche Entwicklung sind. Soll heißen: Eine wichtige Phase hast du schon hinter dir, die nächste steht jetzt an. Oder du steckst mittendrin. Du bist kein Kind mehr, sondern beinahe eine Erwachsene. Das klingt toll und fühlt sich manchmal gut an – oft genug aber auch nicht. Denn Erwachsenwerden kann richtig anstrengend und verwirrend sein, kann wehtun und Fragen aufwerfen. Familie, Umfeld und Gesellschaft machen es dir nicht unbedingt leichter: Von allen Seiten wirst du mit Forderungen und Erwartungen konfrontiert, wird dir eine stets andere Version des Mädchens präsentiert, das du sein sollst.

Und du? Bist morgens schon mit der Auswahl deiner Klamotten überfordert und weißt wahrscheinlich selbst noch nicht, wer du eigentlich bist und warum alle anderen die Sache so viel besser hinbekommen? Das Gefühl, irgendetwas falsch zu machen, nicht das Richtige zu fühlen, zu erleben und nicht richtig auszusehen, bekommst du vor allem, wenn du dich mit anderen vergleichst. Zum Beispiel mit den hübschen Mädels in Highschool-Serien. Der Trick dabei ist: Die Schauspielerinnen selbst sind schon erwachsen. Sie *spielen* nur pubertäre Mädchen! Professionelles Make-up und ideale Beleuchtung sorgen außerdem dafür, dass die vermeintlichen Teenies auf dem Bildschirm oder der Leinwand super aussehen, während du frustriert an einem Pickel herumkratzt. Also, bevor fiktionale Charaktere bei dir eine Identitätskrise auslösen, mach dir bewusst: Die angeblich 16-Jährige in der Serie ist in Wahrheit schon 26. Was erzählt wird, ist eine fiktive Geschichte – nicht die Realität. Die Realität, das bist du, das ist *dein* Leben und *deine* Identität.

Aber was ist das eigentlich: Identität? Identität entsteht auf verschiedene Weisen. Sie bildet sich einerseits, indem du dich von anderen abgrenzt: So will ich *nicht* sein! Sie bildet sich andererseits aber auch dadurch, dass du dazugehören willst, zum Beispiel zu einer bestimmten Gruppe: So *will* ich sein! Ich beispielsweise wollte mit 12 oder 13 unbedingt eine Schlaghose haben, weil alle Mädchen eine hatten. (Hey, diese Hose ist jetzt wieder im Trend!) Allerdings konnte ich mich nicht dazu durchringen, bei der Klassenfahrt nach Langeoog wie die anderen coolen Mädchen heimlich zwischen den Dünen zu rauchen – mein Bedürfnis, dazuzugehören, war groß, aber meine Überzeugung, dass Rauchen irgendwie eklig ist, eben auch. Eigentlich ist die Pubertät, allgemein angesiedelt zwischen dem 10. und 18. Lebensjahr, die beste Zeit, um Sachen einfach mal auszutesten und verschiedene Identitäten anzuprobieren wie Kleidungsstücke. Jung bist du schließlich nur einmal und die anderen sind im Chaos der Hormone genauso auf der Suche wie du selbst. Tatsächlich ist die Pubertät kein glitzerndes Disneyland, in der an jeder Ecke neue, aufregende Möglichkeiten warten. Im Gegenteil: Oft fühlst du dich überfordert und allein, verstehst dich und deinen Körper nicht. Du wirst langsam zu jemandem – aber zu wem? Du fragst dich, wo dein Platz in der Welt ist, wo du hingehörst, sehnst dich danach, endlich erwachsen zu sein und ernst genommen zu werden. Gleichzeitig hast du Angst vor der Selbständigkeit. Hinzu kommt, dass du mit den unterschiedlichen Erwartungen, die an dich gerichtet sind, nicht richtig umgehen kannst. Viele dieser Erwartungen haben damit zu tun, dass du ein Mädchen bist. Denn gerade Mädchen wird ständig klargemacht, wie sie aussehen, sich verhalten und leben sollen. Das hat verschiedene Gründe: Frauen mussten sich ihre Rechte erst erkämpfen, sie galten Jahrhunderte, ach, Jahrtausende lang weniger als Männer. Frauen, so sah man(n) es, waren Männern sowohl körperlich als auch geistig unterlegen. Deshalb waren sie den Männern untergeordnet und damit das auch so blieb, mussten Frauen kontrolliert werden – sie wurden in ein enges Korsett an Erwartungen und Verhaltensregeln gequetscht. Zwar haben Frauen sich in den letzten Jahrzehnten zunehmend daraus befreit, so ganz losgeworden sind sie es aber noch nicht (mehr dazu kannst du in Teil III lesen). Mädchen und Frauen immer wieder daran zu erinnern, wie sie sich ihrem Geschlecht entsprechend zu verhalten haben, ist eine Möglichkeit, sie kleinzuhalten. Auch heute.

Die Sache mit dem Geschlecht

Für viele Eltern ist es eine große Beleidigung, wenn ihrem Baby das falsche Geschlecht zugeordnet wird: »Das ist aber ein niedlicher Junge!« – »Bitte? Das ist ein Mädchen!« Wir gehen nun mal davon aus, dass sich das Geschlecht vor allem aufgrund äußerer Merkmale feststellen lässt. Wir gucken uns bei Menschen den Körperbau, die Frisur, die Kleidung oder Hautfarbe an und ordnen den betreffenden Menschen dann einer bestimmten Kategorie zu, zum Beispiel »weiblich«,

»männlich«, »deutsch« oder »erwachsen«. Ich wurde früher immer für einen Jungen gehalten – einzig und allein deshalb, weil ich kurze Haare hatte. Dabei hätte ich gerne lange Haare gehabt, sie wuchsen aber nicht so richtig. Trauma!

Sehr wahrscheinlich wurde dir beigebracht, dass das Geschlecht eine biologische Tatsache ist, etwas, womit man auf die Welt gekommen ist. Du hast eine Vagina, also bist du ein Mädchen. Klingt einfach und logisch, ist es aber nicht. Tatsächlich wird das Geschlecht nicht nur durch biologische Faktoren bestimmt, sondern auch durch kulturell-gesellschaftliche. Das heißt, die Gesellschaft, dein persönliches Umfeld und deine Erziehung beeinflussen, was für dich ein Mädchen oder eine Frau, einen Jungen oder einen Mann ausmacht. Ob du beispielsweise Fußball »männlich« findest oder Schuhekaufen »weiblich«. Dieses »soziale Geschlecht« wird »Gender« genannt, in Abgrenzung zum biologischen Geschlecht »Sex«. Achtung: Die Tatsache, dass es ein Gender gibt, bedeutet nicht, dass die Biologie gar keine Rolle spielt. Sie bedeutet, dass Biologie eben nicht alles ist und schon gar kein Schicksal. Viele Dinge tun wir vor allem deshalb, weil sie von uns – als Mädchen, als Frau, als Junge, als Mann – erwartet werden.

Im Biologie-Unterricht hast du vermutlich gelernt, dass es nur zwei Geschlechter gibt: männlich und weiblich. Das stimmt so nicht: In der Realität gibt es viele Geschlechter, und das ist mittlerweile auch in der Biologie anerkannt.[4] So gibt es zum Beispiel intersexuelle Menschen, die nicht eindeutig dem männlichen oder weiblichen Geschlecht zugeordnet werden können – aufgrund genetischer, hormoneller oder anatomischer Faktoren. Facebook bietet mittlerweile bei den Profileinstellungen über 60 verschiedene Geschlechtsoptionen an! Zwar haben die meisten Menschen eine klare Geschlechtsidentität, das heißt, sie wissen (instinktiv), welchem biologischen Geschlecht sie angehören, und identifizieren sich damit – doch das trifft nicht auf alle zu. Manche Menschen haben kein eindeutiges Geschlecht oder möchten sich nicht festlegen. Du merkst schon, das Thema ist gar nicht so simpel und Biologie längst nicht alles, was hier zählt. Letztendlich ist Geschlecht auch ein Lernprozess: Du lernst, ein Mädchen, eine Frau zu sein.

Was ein typisches Mädchen (angeblich) ausmacht

★ lange Haare (auf keinen Fall zu kurz!)

★ figurbetonte Röcke, Kleider, Schuhe mit hohen Absätzen, BHs

★ Lippenstift oder Ähnliches, Mascara, Lidschatten, etc. – aber nicht zu viel!

★ enthaarte Beine, Achseln, Geschlecht ... eigentlich komplett haarlos, bis auf die Augenbrauen und die Haare auf dem Kopf

★ eine Vorliebe für Hobbys wie Reiten, Malen, Ballett, Geige ...

★ großes Interesse an Jungs

★ eine zurückhaltende Art, nicht zu laut oder auffällig

★ freundliches, sympathisches Auftreten

★ eher hohe, »mädchenhafte« Stimme

★ Lieblingsfarben: Pink und Rosa

★ schlecht in Mathe und Physik, gut in Deutsch und Kunst

DAS KLEINE LGBTI-ALPHABET[5]

CISGENDER: bezeichnet Menschen, deren Geschlechtsidentität ihrem biologischen Geschlecht entspricht, also dem Geschlecht, das ihnen bei der Geburt zugewiesen wurde

GENDER: bezeichnet das soziale Geschlecht, in Abgrenzung zu -> sex

INTERGESCHLECHTLICHKEIT/INTERSEXUALITÄT: bezeichnet Menschen, deren angeborene Geschlechtsmerkmale nicht eindeutig in die Kategorien männlich/weiblich passen, sei es genetisch, hormonell oder anatomisch

LGBTI: bezeichnet Menschen, die aufgrund ihrer sexuellen Orientierung, ihrer Geschlechtsidentität oder ihres Körpers von der (heterosexuellen) Norm abweichen; die Buchstabenkombination kann variieren, so ist z.B. auch LGBTQ (Q für *Questioning*, also unentschieden) geläufig

QUEER: (deutsch: seltsam, komisch) ein Sammelbegriff sowie eine Eigenbezeichnung für und von Menschen, die nicht der heterosexuellen Geschlechternorm entsprechen

SEX: bezeichnet das biologische Geschlecht, in Abgrenzung zu -> gender

TRANS: Oberbegriff für Identitäten, die über die gesellschaftlich definierten Geschlechternormen hinausgehen; kann bedeuten, dass eine Person sich zwischen verschiedenen Geschlechtern bewegt oder sich gar keinem Geschlecht zuordnet

TRANSSEXUELL: Bezeichnung für Menschen, die sich nicht mit ihrem biologischen Geschlecht identifizieren. Für Transsexuelle gibt es die Möglichkeit der Geschlechtsangleichung durch Hormonbehandlungen und chirurgische Eingriffe, nicht alle Transsexuellen entscheiden sich jedoch dafür.

Es gibt haufenweise Klischeevorstellungen, wie Mädchen und Frauen, Jungen und Männer zu sein haben. Diese sogenannten Geschlechterstereotype schreiben Personen aufgrund ihrer erkennbaren Geschlechtszugehörigkeit (meistens äußere Merkmale wie Gesichtsbehaarung, Figur oder Stimme) bestimmte Eigenschaften und Verhaltensweisen zu. Sie spielen eine wichtige Rolle bei der Begründung und dem Erhalt von Ungleichheiten. Das ist nämlich das Fiese an der Biologie: Sie wird gerne benutzt, um bestimmte Verhaltensweisen oder Tatsachen zu erklären oder sogar Privilegien von Jungen und Männern zu rechtfertigen. Wenn Frauen beispielsweise »von Natur aus« besser kochen und putzen können, ist es sinnvoll, dass sie sich genau darum kümmern. Und wenn Männer »von Natur aus« handwerklich veranlagt sind, können sie besser das Auto reparieren. Oder: Weil Mädchen ordentlicher sind, kannst du den Tisch abräumen, während dein Bruder am PC zocken darf. Aus unterschiedlichen biologischen Gegebenheiten werden Schlüsse auf das jeweilige Verhalten der Geschlechter gezogen, à la: typisch Mann, typisch Frau. Das führt letztendlich zur Entstehung von Geschlechterrollen, die auf einem vermeintlich angemessenen und »natürlichen« Verhalten der Geschlechter basieren. Dabei gibt es dieses »natürliche« Verhalten nicht, weshalb die auf Klischees aufgebauten Rollen oft absoluter Blödsinn sind. Nicht jede Frau kann kochen und nicht jeder Mann Autos reparieren. Nicht jedes Mädchen hat eine schöne Schrift und nicht jeder Junge ist gut in Mathe. Kochen oder reparieren sind Fähigkeiten, die man lernen kann – egal, welches Geschlecht man hat. Punkt.

TECH-GIRLS

Eines der verbreitetsten Stereotype in Bezug auf Mädchen und Frauen lautet: sie interessieren sich gar nicht für Wissenschaft und Technik. Dass das nicht stimmt, beweisen Mädchen wie Gitanjali Rao. Mit nur 11 Jahren entwickelte die Amerikanerin 2017 ein Gerät, mit dem sich Bleispuren im Wasser feststellen lassen. Für diese Erfindung erhielt sie den Titel »America's Top Young Scientist« sowie 25.000 US-Dollar Preisgeld. Warum gerade dieses Gerät? Weil Gitanjali über die Medien erfuhr, dass in der Stadt Flint im amerikanischen Bundesstaat Michigan viele Menschen keinen Zugang zu sauberem Trinkwasser hatten – das Wasser war durch Blei vergiftet. Gitanjali beschloss zu helfen. Ihr Gerät ist praktisch, klein und leicht anzuwenden.

Ähnlich erfindungsreich sind die Mädchen des afghanischen Roboter-Teams: Die sechs Schülerinnen bauten ihren Roboter für einen internationalen Wettbewerb in zwei Wochen, weil die Bauteile zu spät kamen – ihre Konkurrenz hatte vier Monate Zeit. Das war nicht das einzige Hindernis: Der Wettbewerb fand in den USA statt und den Afghaninnen wurde zunächst die Einreise verweigert. Das sorgte für einen internationalen Aufschrei, der den Mädchen die Genehmigung und somit die Teilnahme am Wettbewerb bescherte. Erfinderinnen hält eben nichts auf!

Aus der (Geschlechter-) Rolle fallen

Dummerweise haben Geschlechterrollen ganz schön viel Einfluss. Sie schreiben dir vor (oder versuchen es zumindest), wie du als »richtiges« Mädchen zu sein hast. Die Vorstellungen sind tief in uns verankert und wir halten uns oft an sie, obwohl sie gar nicht unserem Charakter und unseren Wünschen entsprechen. Weil sie sich irgendwie normal anfühlen, so, als gäbe es keine Alternative. Natürlich kannst du dich gegen diese Rollenbilder wehren. Das ist aber gar nicht so einfach, schließlich wird dir andauernd gezeigt, was richtig und was falsch ist – in der Schule, in den Medien, beim Einkaufen. Ein Beispiel: Jungs dürfen laut werden, brummig, unfreundlich. Weil sie eben Jungs sind, und Jungs so was machen. Wenn du als Mädchen hingegen mal schlecht drauf bist, unfreundlich oder verärgert, heißt es schnell: »Sei doch nicht so zickig!«. Gemocht zu werden ist für viele Mädchen wahnsinnig wichtig – weil ihnen das anerzogen wird. Dass sie gefallen, immer freundlich lächeln und am besten nirgendwo anecken sollen.

Ob glattrasierte Beine oder eine Vorliebe für Pink: Irgendwo scheint es ein geheimes Buch zu geben, in dem all die Regeln und Vorschriften für Mädchen festgehalten sind. Anders könnten sich traditionelle und altmodische Geschlechterrollen doch gar nicht halten, oder?

Die Wahrheit ist, dass die meisten Menschen mehr oder weniger aktiv am Erhalt mitarbeiten. Sie wollen nicht auffallen, zumindest nicht negativ, sondern dazugehören. Indem sie sich so verhalten, wie es ihnen ihre Geschlechterrolle vorschreibt, passen sie sich an und bieten keine Angriffsfläche.

Kleines persönliches Beispiel: Meine Oma besuche ich nicht mehr ohne Schminke im Gesicht. Sonst heißt es sofort, ich sähe so »müde« und »krank« aus. Theoretisch nervt mich dieser Zwang ganz schön, praktisch muss ich dank der Schminke nicht mit tadelnd-besorgten Sprüchen rechnen. Meine Oma gehört zu einer Generation Frauen, die anderen Menschen nur wie aus dem Ei gepellt gegenübertritt – weil frau das so macht. Weil Schminke ein Schutz sein kann. Auch wenn es so etwas wie die Geschlechterpolizei nicht gibt, die bei Verstößen mit Blaulicht vorfährt: Es gibt durchaus eine soziale Kontrolle. Die besteht aus irritierten Blicken, blöden Sprüchen, Gekicher und Ermahnungen oder sogar körperlicher Gewalt gegen Menschen, die im wahrsten Sinn des Wortes aus der Rolle fallen. Sich in seine Geschlechterrolle zu fügen, kann deshalb konkrete Vorteile haben: Du wirst in Ruhe gelassen, bekommst vielleicht sogar Komplimente, gehörst dazu. Es als Mädchen anders zu machen, anders sein zu wollen kann deshalb anstrengend sein. Wenn du zum Beispiel laut und bestimmt deine Meinung sagst oder lieber im gemütlichen Schlabber-Pulli in die Schule gehst als im schicken Top, kann das Konsequenzen haben. Vielleicht kriegst du blöde Kommentare ab, vielleicht sagt man dir, dass du dich mehr zurücknehmen, nicht so »herrisch« sein,

MIT WUT UMGEHEN

Ab und zu mal wütend sein ist dein gutes Recht. Es gibt schließlich genügend Gründe, sich aufzuregen. Blöde Geschlechterrollen, beispielsweise. Untersuchungen zeigen, dass Mädchen – anders als Jungs – ihre Wut und Aggression oft nicht direkt zeigen, sondern indirekt: Sie schließen jemanden von gemeinschaftlichen Aktivitäten aus, lästern, verbreiten Gerüchte und entziehen der betreffenden Person Zuneigung und Freundschaft. Wenn du den Film *Mean Girls* gesehen hast oder die Serien *Gossip Girl* und *Pretty Little Liars*, weißt du, worum es hier geht. Mädchen setzen öfter auf das sogenannte passiv-aggressive Verhalten als Jungen, denn ihnen wurde eingeimpft, dass es unhöflich und gemein ist, jemanden (ein anderes Mädchen) direkt mit einem Problem zu konfrontieren. Das ist eine ziemlich bescheuerte Art, mit der eigenen Aggressivität und Wut umzugehen.

Du willst es besser machen? Hier sind ein paar Regeln.

Nr. 1: Akzeptiere, dass du wütend/aggressiv/angenervt/was auch immer bist. Woher kommt dieses Gefühl? Wer oder was hat es ausgelöst? Meistens geht es bei Konflikten ja nicht nur um eine bestimmte Sache, sondern um eine Vielzahl von Vorfällen.

Nr. 2: Wenn du ein Problem mit jemandem hast, versuche es direkt mit der betreffenden Person zu klären. Denn wenn du die betreffende Person nicht mit deinem Problem konfrontierst, wie soll diese dann überhaupt davon wissen?

Nr. 3: Versuche nicht, deine Freundinnen auf deine Seite zu ziehen und sie gegen das Objekt deiner Wut/deiner Aggressivität aufzubringen.

Nr. 4: Hör dir an, was die andere Person zu sagen hat. Klar, es kann durchaus passieren, dass diese nicht versteht, warum du sauer bist – in diesem Fall hast du immerhin mal Klartext gesprochen.

Nr. 5: Hab keine Angst vor der Konfrontation, auch wenn es sich bei der betreffenden Person um eine gute Freundin handelt. Eine wirklich gute Freundin wird dich nicht hassen oder versuchen, dir wehzutun, wenn du mit ihr über ein Problem sprechen willst. Nein, sie wird dir zuhören und dein Anliegen ernst nehmen. Wenn nicht: Ist diese Person wirklich eine so gute Freundin?

Nr. 6: Sei stolz auf dich! Hey, du hast dir ein Herz gefasst, warst ehrlich und hast Aussprache gesucht. Glückwunsch!

dir mehr Mühe mit deinem Aussehen geben sollst. Kurz: dass du mehr »Mädchen« sein sollst. Einigen fällt es leichter, mit solchen Kommentaren umzugehen, anderen schwerer. Zu welcher Kategorie auch immer du gehörst, vergiss nicht: Du bist du. Wenn andere dir sagen, dass du dich ändern sollst, weil »Mädchen so was nicht machen« und du nicht in ihre vorgesehene Schublade passt, ignoriere sie. Du wirst nie ein perfektes Mädchen sein, denn dieses perfekte Mädchen gibt es nicht. Du kannst immer nur die beste Version deiner selbst sein. Soziale Normen werden von Menschen gemacht – das heißt, sie sind nicht in Stein gemeißelt und sie können verändert werden.

Zwischen freiem Willen und gesellschaftlichen Erwartungen

Um soziale Normen verändern oder zumindest ablehnen und dich dagegen auflehnen zu können, musst du sie erst einmal erkennen. Das ist manchmal leichter gesagt als getan. Klar, du hast einen freien Willen. Aber mit dem freien Willen ist das so eine Sache: theoretisch haben wir ihn alle, praktisch tun wir viele Sachen nur, weil es gewisse Erwartungen und Forderungen gibt. Wie erkennst du, ob du selbständig handelst oder gesellschaftlichen Erwartungen entsprechen möchtest? Ganz ehrlich: Eine simple Checkliste gibt es dafür nicht. Du kannst lediglich dein eigenes Verhalten hinterfragen: Warum machst du das? Wie fühlst du dich dabei? Ist es eine Gewohnheit oder eine neue Entwicklung? Reagierst du auf etwas? Zum Beispiel auf eine Forderung, einen blöden Spruch, ein Kompliment, eine Person? Je mehr du dich mit dem »Warum« auseinandersetzt, desto feiner wird auch dein Gespür für die Beweggründe deines Handelns. Tust du etwas, weil du es wirklich willst – oder machst du es, weil du den Erwartungen anderer entsprechen möchtest? Sind dir bestimmte Dinge erst einmal bewusst geworden, kannst du dein Verhalten ändern. Wohlgemerkt: Du kannst, musst aber nicht. Denn nicht immer ist es möglich, selbstbestimmt zu handeln und es auch durchzuziehen. Das hängt von der Situation, von den Personen, von dir selbst ab: Vielleicht hasst du Kleider, ziehst deiner Mama zuliebe auf Familienfeiern aber trotzdem eins an. Die Wahrheit ist, dass das Leben aus Kompromissen besteht – und solange du durch diese Kompromisse nicht das Gefühl hast, dich selbst zu verraten, ist das okay.

Was aber, wenn du Pink echt gerne magst? Wenn du auf Ballett statt Fußball stehst? Bist du damit gleich in die Klischeefalle getappt? Natürlich nicht. Es ist völlig in Ordnung, Pink zu mögen oder mit Begeisterung Spitzentanz zu üben. Diese Dinge sind es schließlich, die dich – neben vielem anderen – ausmachen. Warum solltest du verleugnen, was du gerne magst und machst? Es ist leider so, dass vermeintlicher »Mädchenkram« wie Ballett oder Handarbeit oft abgewertet, für blöd und oberflächlich befunden wird. Als hätten diese Hobbys keinen Wert und seien nur deswegen lächerlich, weil sie als traditionell »weiblich« gelten. Was für ein Quatsch! Wenn du Spaß an Make-up und Frisuren hast, macht dich das nicht automatisch zu einer Tussi, die keine anderen Interessen hat und die man nicht ernst nehmen kann! Etwas anderes ist es, wenn du dich nur deshalb mit Make-up beschäftigst oder dein Zimmer pink tapezierst, weil du glaubst, du müsstest es als Mädchen so machen.

EXKURS

Boys don't cry – oder?

Mädchensein ist kein Zuckerschlecken, schon klar. Die Wahrheit ist aber: Auch Jungs haben es nicht so leicht. Zwar profitieren sie generell mehr von den gesellschaftlichen Gegebenheiten, haben größere Freiheiten und können sich austoben. Trotzdem: Starre Geschlechterrollen und Stereotype betreffen auch sie. Viele Jungs können mit Klischees wie: »Ein richtiger Mann mag Fußball« oder: »Sich zu sehr für Mode zu interessieren, ist uncool« wenig anfangen. Sie fühlen sich eingeengt und fragen sich, wo für sie Platz ist – sind sie »richtige« Jungs, obwohl sie Ballett tanzen oder gerne romantische Komödien gucken? Na klar sind sie das, denn *die* Definition eines perfekten Jungen gibt es nicht. Diese Jungs und Männer zeigen, dass Geschlechternormen Blödsinn sind, und zwar nicht nur, wenn es um Mädchen oder Frauen geht.

JADEN SMITH (*1998) – SCHAUSPIELER UND MUSIKER

Jaden Smith, Sohn von Will Smith und Jada Pinkett Smith, hat kein Problem damit, in der Öffentlichkeit Röcke zu tragen oder eine Blume im Haar – Klamotten teilt er nicht in »männlich« und »weiblich« ein, sondern nur danach, wie stylisch sie sind. Jaden selbst sagt: »Ich halte den Kopf hin, damit meine Kinder und die nächste Generation später denken, dass bestimmte Dinge normal sind (...).«[6]

NILS PICKERT (*1979) – JOURNALIST UND AKTIVIST

Nils ist Vater von zwei Mädels und zwei Jungs und setzt sich mit der Kampagne *Pinkstinks* für mehr Gleichberechtigung ein. Durch seine Söhne bekommt Nils genau mit, wie privilegiert, aber doch unfrei die beiden sind: »Reiß dich zusammen, hör auf zu heulen, zieh das durch, geh ran, greif an, sei ein Mann, nicht weich, nicht zart, nicht verletzlich, sei kein Mädchen und vor allem nicht schwul!«[7], wird ihnen regelmäßig entgegengeschleudert. Nils selbst geht mit gutem Beispiel voran und zeigt seinen Jungs, dass sie sein können, wie sie wollen – dass es okay ist, wenn sie gerne kuscheln, Röcke tragen oder auch mal weinen.

26

BARACK OBAMA (*1961) – POLITIKER UND EHEMALIGER PRÄSIDENT DER USA

Barack Obama hat mit seiner Frau Michelle zwei Töchter großgezogen, weiß deswegen genau, welchen Hindernissen junge Frauen heute begegnen, und ist überzeugter Feminist. Er setzt sich aber auch für Jungs ein: Als Präsident startete er die Kampagne *My Brothers's Keepers*, die nicht-weiße Jungen und Männer unterstützt und ihnen bessere Chancen im Leben bieten will. Denn auch »starke Männer« brauchen mal Hilfe.

JAMES CHARLES (*1999) – MAKE-UP-ARTIST UND MODEL

Der US-Amerikaner wurde 2016, mit 17 Jahren, zum ersten männlichen Gesicht der Marke *Covergirl*. James weiß, wie man(n) seine Augenbrauen in Form bringt, welche Mascara die Beste ist und wie sich das Gesicht mithilfe von »Contouring« modellieren lässt. Ach ja, bunten Glitzer mag er auch!

Freundinnenschaft vs. Girl Hate

Ja, Mädchensein ist anstrengend – gut, dass du damit nicht alleine bist! Schließlich gibt es auch Freundinnen, mit denen du deine Probleme teilen und besprechen kannst. Zusammen seid ihr stark! So eine »Freundinnenschaft« kann allerdings ziemlich kompliziert sein. Mädchen sind nämlich, trotz anderslautender Behauptungen, nicht automatisch friedfertiger und harmoniebedürftiger als Jungen. Im Gegenteil: Auch Mädchen können sich heftig streiten, neidisch, eifersüchtig, missgünstig und sogar gewalttätig sein. Hinzu kommt, dass Mädchen und Frauen in unserer Gesellschaft immer wieder eingeredet wird, sie befänden sich im Wettbewerb miteinander. Das wird dann »Zickenkrieg« oder »Stutenbissigkeit« genannt. Es wird so getan, als gehöre es für Mädchen und Frauen eben dazu, sich gegenseitig »anzuzicken« und besser, beliebter, schöner sein zu wollen als die andere. Dabei ist daran nichts natürlich, vielmehr handelt es sich um einen Mythos namens »Girl Hate« und es geht darum, dass Mädchen und Frauen gegeneinander ausgespielt werden. So befördert Girl Hate Neid, Missgunst und Unsicherheit sowie die Vorstellung, es könnte immer nur »die Eine« geben: das eine beliebte Mädchen, das eine alternative Mädchen, das eine schlaue Mädchen, und so weiter. Als gäbe es nicht genug Platz für alle! Hinter dem Mythos Girl Hate steckt ein gesellschaftliches Problem: Er trägt dazu bei, dass Mädchen sich selbst und andere Mädchen klein halten und sich untereinander bekämpfen. Und er verhindert, dass sie ihre Energie in andere Dinge stecken. Die Eroberung der Welt, zum Beispiel.

Lästern spielt bei dem gegenseitigen Kleinhalten und Bekämpfen eine wichtige Rolle. Lästern macht Spaß und hat durchaus einige nicht unwichtige Funktionen: Es schweißt dich mit deinen Freundinnen zusammen, denn es schafft Vertrauen und so was wie einen Verhaltenskodex – wenn ihr alle die »Streberin« aus der Parallelklasse nervig findet, ist klar, dass ihr auf keinen Fall so sein wollt wie sie! Außerdem lässt sich durch Lästern richtig schön Dampf ablassen und das muss ja schließlich auch mal sein. Lästern ist durchaus so etwas wie sozialer Kitt und deshalb ist es umso schwerer, damit aufzuhören. Aber, mal ehrlich: Willst du jemand sein, der hinter dem Rücken anderer schlecht spricht, weil sie sich abseits einer von dir (und deinen Freundinnen) festgelegten Norm – wie auch immer diese aussieht – bewegen? Das ist nicht besonders souverän und auch nicht besonders fair. Du willst dich abgrenzen, und das ist okay. Mach dir aber bewusst, dass diese Abgrenzung auf Kosten anderer geschieht – und du so auch noch zum Girl Hate beiträgst.

Ganz ehrlich, ich selbst bin vor typischem Verhalten auch nicht gefeit: Wie oft habe ich meine eigene Unsicherheit auf andere Frauen übertragen, habe mir, ohne sie überhaupt zu kennen, eingeredet, dass sie sicher arrogant/selbstzufrieden/distanziert/talentierter sind und ich sie deshalb nicht sympathisch finde? Doch siehe da: Lernte ich die Frauen persönlich kennen, entpuppten sie sich meist als interessante, nette Persönlichkeiten. Und ich war froh, dass ich ihnen – und mir! – eine Chance gegeben hatte.

STOP THE GIRL HATE

Du kennst ein bestimmtes Mädchen eigentlich gar nicht, hast aber gehört, dass sie wahnsinnig eingebildet ist – und kannst sie allein deshalb schon nicht leiden und suchst nach Dingen, die du an ihr kritisieren könntest? Stop! Frag dich zunächst, warum du so reagierst: Bist du vielleicht eifersüchtig? Fühlst du dich bedroht, weil sie etwas besser kann als du? Dann geht's weiter zum nächsten Schritt: Erkenne, dass deine Gefühle höchstwahrscheinlich nichts mit dem Mädchen zu tun haben (die Wahrscheinlichkeit ist umso größer, je weniger du das Mädchen kennst), sondern vielmehr mit dem dir auf höchst perfide Art eingetrichterten Konkurrenzwahn namens »Girl Hate«. Hey, vielleicht ist das Mädchen in Wirklichkeit ja nett und interessant und ihr könntet euch anfreunden! Und wenn nicht: Hinter ihrem Rücken über sie lästern und Gerüchte befeuern oder verbreiten ist mies. Ja, du hast Sachen über sie gehört und angeblich soll sie so und so sein und das und das gemacht haben. Letztendlich weißt du es aber einfach nicht genau und deshalb gilt die Devise: Im Zweifelsfall die Klappe halten – oder deutlich machen, dass du dich an der Lästerei nicht beteiligst. Punkt. Ja, Neid und Konflikte mit anderen Mädchen sind normal und manchmal magst du eine bestimmte Person einfach nicht. Aber mach dir klar, ob es wirklich um persönliche Antipathien geht oder du dich im Girl Hate-Modus befindest. Vielleicht bist du ja selbst schon einmal in einer Situation gewesen, in der du das Ziel von Girl Hate warst: Wie hat sich das angefühlt? Und wie bist du damit umgegangen?

Selbst ist das Mädchen!

Du weißt jetzt alles Wichtige zum Thema Geschlecht, kannst Klischees identifizieren und hast eine Ahnung, wie du dich gegen einengende Geschlechterrollen und Girl Hate wehren kannst. Bravo! Dabei wirst du aber auch gemerkt haben, dass das eine ganz schön komplizierte Kiste ist, dieses Mädchensein. Letztendlich läuft es darauf hinaus: Was es bedeutet, ein Mädchen zu sein, bestimmst vor allem du. Du kannst deine eigenen Regeln aufstellen, schließlich bist du ein Individuum, kein Prototyp. Und weil das so ist, hast du auch einen ganz einzigartigen Körper. Den schauen wir uns jetzt mal an.

ADA LOVELACE
(1815–1852)

★ **NATIONALITÄT:**
britisch

★ **BERUF:**
Mathematikerin und Schriftstellerin – sie selbst sah sich eher als Analytikerin und Metaphysikerin. Schon als Kind versuchte Ada, Flügel zu bauen, um davonzufliegen.

★ **BESONDERE VERDIENSTE:**
Adas guter Freund, der Mathematiker Charles Babbage, arbeitete in den 1840er-Jahren an einer dampfbetriebenen Rechenmaschine und Ada kam sofort der Gedanke: Damit könnte man nicht nur Zahlen verarbeiten, sondern auch Texte und Bilder! In ihren »Notizen« legte sie diese Idee dar und beschrieb die Funktionsweise der geplanten Maschine. Sie führte auch eine nummerierte Liste mit Befehlen, eine Art Tabelle, die heute als Computerprogramm gelten würde.

★ **NOCH ETWAS, WAS MAN ÜBER ADA WISSEN MUSS:**
Ihre Methode nannte Ada »poetische Wissenschaft«. Für sie war Mathematik eine Sprache – mit Algorithmen ließ sich so viel mehr anstellen als bloße Berechnungen.

★ **ADA IN DREI WORTEN:**
Selbstbewusste, sprachverliebte Zahlenzauberin.

★ **IHR RAT AN JUNGE FRAUEN HEUTE:**
Finde etwas, das du gut kannst und das dir Spaß macht – und widme dich dann dieser Sache mit Leidenschaft.

ANNE FRANK
(1929–1945)

★ **NATIONALITÄT:**
deutsch-niederländisch

★ **BERUF:**
Schülerin. Anne stammte aus einer jüdischen Familie in Frankfurt am Main, wuchs aber in Amsterdam auf – nach der Machtergreifung der Nationalsozialisten 1933 floh die Familie in die Niederlande.

★ **BESONDERE VERDIENSTE:**
Seit 1942 musste sich die Familie in einem Amsterdamer Hinterhaus vor den Nazis verstecken – die Niederlande waren mittlerweile von den Deutschen besetzt. Während dieser Zeit führte Anne ein Tagebuch, welches sie »Kitty« nannte. Dieses Tagebuch ist heute ein bedeutendes zeitgeschichtliches Dokument, weil es die Gefühlswelt eines jungen Mädchens sowie die direkten Auswirkungen des Zweiten Weltkriegs auf jüdische Menschen beschreibt. Außerdem zeigt es Anne als eigenständige Schriftstellerin.

★ **NOCH ETWAS, WAS MAN ÜBER ANNE WISSEN MUSS:**
Anne und ihre Familie wurden 1944 entdeckt. Anne starb 1945 im Lager Bergen-Belsen. Ihr Vater Otto Frank überlebte als Einziger.

★ **ANNE IN DREI WORTEN:**
Talentiert, hoffnungsvoll, Bücherwurm.

★ **IHR RAT AN JUNGE FRAUEN HEUTE:**
Du hast das Gefühl, keiner hört dir zu? Greif zum Stift. Ein Tagebuch ist immer für dich da.

NELLIE BLY
(1864–1922)

★ **NATIONALITÄT:**
US-amerikanisch

★ **BERUF:**
Hauptberuflich Journalistin, sie veröffentlichte aber auch Bücher und führte nach dem Tod ihres Mannes dessen Unternehmen.

★ **BESONDERE VERDIENSTE:**
Nellie ließ sich 1887 für eine Undercover-Reportage als Verrückte in die psychiatrische Anstalt auf Blackwell's Island in New York einweisen. Nach zehn Tagen musste sie von ihrer Redaktion per Anwalt wieder herausgeholt werden. Ihre Reportage deckte zahlreiche Missstände in der Einrichtung auf und sorgte für ein Umdenken bei den Behörden: Psychiatrische Einrichtungen wurden modernisiert, man investierte mehr Geld in Essen und Personal.

★ **NOCH ETWAS, WAS MAN ÜBER NELLIE WISSEN MUSS:**
Sie war die bekannteste der sogenannten *Stunt Girl Reporter* – Frauen, die ab Ende der 1880er-Jahre Reportagen über soziale Missstände schrieben. Ach ja, Nellie Bly ist übrigens ein Pseudonym: Eigentlich hieß sie Elizabeth Cochran.

★ **NELLIE IN DREI WORTEN:**
Wagemutig, neugierig, unkonventionell.

★ **IHR RAT AN JUNGE FRAUEN HEUTE:**
Wenn dir etwas nicht passt, melde dich zu Wort!

SIMONE DE BEAUVOIR
(1908–1986)

★ **NATIONALITÄT:**
französisch

★ **BERUF:**
Schriftstellerin und Feministin. Hat Philosophie studiert und philosophische Texte veröffentlicht, bezeichnete sich selbst aber nicht gerne als Philosophin.

★ **BESONDERE VERDIENSTE:**
Die größte Anerkennung erhielt Simone für ihren Roman *Die Mandarins von Paris* – 1954 mit dem Literaturpreis Prix Goncourt. Sie war stolz auf ihr Leben und darauf, was sie aus sich gemacht hatte: Aus einem kleinen, angepassten Mädchen der Bourgeoisie wurde eine Frau, die ihr Leben nach eigenen Regeln lebte. Dazu gehörte auch die offene Beziehung zu ihrem Partner Jean-Paul Sartre, die über 50 Jahre hielt.

★ **NOCH ETWAS, WAS MAN ÜBER SIMONE WISSEN MUSS:**
Schon 1949 legte sie in ihrem Klassiker *Das andere Geschlecht* dar, dass Geschlecht keine biologische Tatsache ist, sondern erlernt wird (»Man wird nicht als Frau geboren, man wird es.«). In den 1970er-Jahren engagierte sie sich in der Frauenbewegung und kämpfte zum Beispiel für das Recht auf Abtreibung.

★ **SIMONE IN DREI WORTEN:**
Freiheitsliebende, schnellsprechende Querdenkerin.

★ **IHR RAT AN JUNGE FRAUEN HEUTE:**
Du hast es in der Hand, wie dein Leben aussehen soll. Nur wenn du deinen Weg gehst, kannst du dich wirklich frei fühlen.

GIRL CRUSH
Jazz Jennings (*2000)

Mit 14 oder 15 werden sich viele Mädchen erst so langsam darüber klar, wer sie eigentlich sind. Jazz hingegen wusste schon als Klein-kind ganz genau, wer sie sein wollte: ein Mädchen. Denn Jazz wur-de als Junge geboren, fühlte sich aber nie als solcher. 2004 stellte man offiziell eine Geschlechtsidentitätsstörung fest und mit sechs Jahren begann Jazz, im Fernsehen über ihr Leben als Transgender zu sprechen. Sie kämpfte dafür, im Fußballteam für Mädchen mit-spielen und in der Schule die Mädchentoilette benutzen zu dürfen. Mittlerweile ist Jazz das Gesicht einer Beauty-Kampagne, hat zwei Bücher veröffentlicht, eine eigene TV-Serie (*I Am Jazz*) sowie eine You Tube-Serie, in der sie offen Herausforderungen und Zukunftspläne diskutiert. Das Magazin *Time* kürte Jazz zu einem der »einflussreichs-ten Teenager«. Momentan plant Jazz eine Geschlechtsangleichung in Form von operativen Eingriffen. Über ihr Engagement für Trans-gender sagt sie: »Ich habe das Gefühl, dass viele Menschen keine Ahnung von Transgender-Themen haben, und es ist wichtig, dass wir unsere Geschichten teilen und unseren Stimmen erlauben, gehört zu werden, um Ansichten zu verändern und die Herzen der Menschen für die Möglichkeiten zu öffnen, die wir darstellen. Wir sind auch nur Menschen.[8]

GIRL CRUSH
Lorde (*1996)

Ihre erste Platte veröffentlichte Lorde, da war sie knapp 16. Das erste richtige Album *Pure Heroine* folgte ein Jahr später und wurde gleich zu einem Riesenerfolg. In ihren Songs erzählte Lorde vom Aufwachsen in einer neuseeländischen Kleinstadt, von Langeweile und Ausbruchsfantasien, von der Suche nach der eigenen Identität und vom Erwachsenwerden. Es ging um vermeintliche Nichtigkeiten, die für Teenager wie Lorde die Welt bedeuten. Manchmal wirkt Lorde – die als Ella Marija Lani Yelich-O'Connor geboren wurde – viel erwachsener und abgeklärter, als es ihr Alter vermuten lässt: So viel Lebensweisheit steckt in ihren Songs, so viel Beobachtungsgabe. Tatsächlich ist Lorde erst Anfang 20 und weiß selbst noch nicht so genau, wo es hingehen soll – musikalisch und überhaupt. Mit dem zweiten Album *Melodrama* hat Lorde sich viel Zeit gelassen und sich zwischendurch auch einfach mal zurückgezogen. Sie ist niemand, der ständig im Rampenlicht stehen und sich inszenieren muss. Sie hat keine Lust auf Songs, in denen es nur darum geht, dass der Junge sich das Mädchen holen soll. Sie hat kein Problem damit, nicht als »Party Girl« zu gelten und vertreibt sich ihre freie Zeit lieber lesend. Sie hat Vertrauen in ihr Können und vertritt ihre Kunst selbstbewusst. Und sie hat keine Lust, sich ständig mit anderen Frauen vergleichen zu lassen: »Ich wurde mit nahezu jeder anderen, auch nur leicht alternativen Musikerin verglichen, nur weil die Leute das Bedürfnis haben, Frauen mit anderen Frauen zusammenzupacken.«[9]

TEIL II

MEIN
KÖRPER
GEHÖRT MIR

Mein Körper gehört mir

So unterschiedlich Menschen auch sein mögen, eines haben sie alle gemeinsam: einen Körper. Und einen Körper zu haben, ist eine tolle Sache: Du kannst dich bewegen, du kannst tun, was du möchtest – ohne Körper würdest du gar nicht existieren! Doch so toll ein Körper ist, so schwierig ist es manchmal, mit ihm umzugehen. Weil du ein Mädchen bist, hast du wahrscheinlich schon gemerkt, dass dein Körper gewissen Vorstellungen entsprechen muss. Mädchen sollen »hübsch« oder sogar »schön« sein. Ja, es ist *dein* Körper, aber trotzdem fühlen sich jede Menge Leute berechtigt, ihn zu diskutieren, zu loben oder zu kritisieren. Nicht zufällig wird von Frauen immer noch als das »schöne Geschlecht« gesprochen, wird von ihnen ein bestimmtes Aussehen erwartet und werden sie öfter und härter als Männer bestraft, wenn sie diesen Erwartungen nicht entsprechen. Schönheitsnormen und Ideale sind heute mehr denn je ein Mittel, Mädchen und Frauen klein zu halten, sie auf ihren Platz zu verweisen. Denn nur attraktive Frauen werden wahrgenommen, werden gehört. Zu attraktiv dürfen sie aber auch nicht sein, denn dann kann man sie ja nicht ernst nehmen. Puh.

Mädchen lernen schon früh, sich in der Öffentlichkeit auf die richtige Art zu präsentieren: Sie sollen nicht breitbeinig sitzen, nicht laut sprechen, keine zu kurzen Röcke oder zu enge Hosen tragen. Kurz: Sie sollen möglichst nicht auffallen und keinen Platz einnehmen. Denn Platz einnehmen, das dürfen nur männliche Körper. Sie belegen in der U-Bahn breitbeinig drei Sitze und sind laut, und was sie anhaben, ist eigentlich auch egal. Jungen wird beigebracht, dass es okay ist, sich breitzumachen. Das hat viel mit Körpersprache zu tun, damit, wie jemand auftritt und sich Platz »nimmt«. Wenn Mädchen oder Frauen Raum beanspruchen, gilt das schnell als »unweiblich«, als unverschämt und unerwünscht. Stattdessen sollen sie sich dünn machen – im wahrsten Sinne des Wortes.

Zwischen Realität und Perfektion

Mit weiblichen Körpern wird ganz anders umgegangen als mit männlichen. Und das kann man überall sehen: Da sind die halbnackten Models auf diversen Plakaten, die mal Unterwäsche bewerben, mal Dinge, bei denen sich nicht erschließt, warum sie halb nackt beworben werden müssen (darunter Autos, Haushaltsgeräte, Alkohol). Letztens ging ich an einem Fotogeschäft vorbei, das mit einem Plakat warb: »Machen Sie Ihre Kamera sommerfit!«. Das Plakat zeigte einen leicht bekleideten Frauenhintern, auf den eine Kamera gerichtet war. »Sex sells«, leider. In der Fernsehwerbung sind Frauen ständig um ihre Figur besorgt und trinken dubiose Diätshakes, um schnell wieder in Form zu kommen. Frauenzeitschriften informieren auf ihren Titelseiten darüber, welche der Promi-Damen erfolgreich Gewicht verloren haben und welche dringend mal wieder ins Fitness-Studio müssten. Und dann sind da noch das Internet und insbesondere die sozialen Medien, wo es vor *#thinspiration* und *#fitspiration* nur so wimmelt. Überall begegnen dir Bilder von Mädchen und Frauen, die fitter, attraktiver, einfach *besser* sind als du. Dir wird suggeriert: Wenn du dieses Produkt benutzt, dieses Magazin liest, diese Diät machst, dann kannst auch du so attraktiv sein wie die Frauen, deren Konterfeis dir auf nahezu allen Kanälen begegnen. Du kannst, wenn du dich nur anstrengst.

Was bei Mädchen und Frauen als schön gilt, hat eindeutige Merkmale: reine Haut, schlanke Figur, lange Haare, und so weiter. Medien und Werbung tun erfolgreich so, als gäbe es nur *die* eine Definition von Schönheit, als würden alle Menschen dieselben Sachen schön oder hässlich finden. Vielfalt? Keine Chance. Das so propagierte Schönheitsideal ist völlig unrealistisch und hat wenig damit zu tun, wie weibliche Körper in der Realität aussehen – um sich das klarzumachen, reicht ein Besuch im Schwimmbad oder im Umkleidebereich großer Modeläden. Außerdem sind Schönheitsideale wandelbar. In den 1950er-Jahren galt die Schauspielerin Marilyn Monroe mit ihrer Sanduhrfigur als Schönheitsideal, in den 1960er-Jahren dann das spindeldürre Topmodel Twiggy. Eines hatten und haben alle Schönheitsideale aber gemein:

# ☑ CHECKLISTE

WIE DU DEM KONSUMWAHNSINN ENTKOMMST

Kaufen, kaufen kaufen – so lautet die Maxime. Im Prinzip bist du den ganzen Tag von Werbebotschaften umgeben, die dich dazu überreden wollen, Geld auszugeben. Weil du dieses Shampoo und diese Hose wirklich brauchst! Wenn du Geld sparen und dem Konsumwahnsinn entkommen willst, probiere doch mal ein paar dieser Tipps aus.

☐ **NEWSLETTER,** nein danke: Viele Online-Händler nehmen ihre Kund*innen, sobald diese einmal etwas bestellt haben, in ihren Newsletter- und Sonderangebote-Verteiler auf. Fast täglich trudeln so unfassbar gute Angebote in deinen virtuellen Posteingang, gibt es Rabatte und Must-haves. Da hilft nur: entabonnieren. Dann kommst du weniger in Versuchung, etwas zu kaufen.

☐ **BRAUCHEN UND WOLLEN:** Überlege dir, was du wirklich brauchst. Und schummel dabei nicht! Es lassen sich ja immer gute Gründe finden, noch einen weiteren schwarzen Pulli zu kaufen – weil er ganz anders sitzt als die anderen neun schwarzen Pullis in deinem Schrank. Sei ehrlich: Warum brauchst du diesen Pulli wirklich? Merke: Es gibt einen Unterschied zwischen brauchen und wollen. Weniger ist mehr: Wenn du dir überlegt hast, was du wirklich brauchst, kannst du im nächsten Schritt weniger kaufen. Das funktioniert zum Beispiel, indem du dir eine Liste mit den Dingen machst, die du brauchst, und dann auch nur diese Dinge kaufst. Widerstehe der Versuchung, immer wieder neue Dinge auf die Liste zu setzen!

☐ **AUSLEIHEN STATT KAUFEN:** Nicht alles, was du brauchst, musst du sofort kaufen. Vielleicht hat ja eine Freundin ein passendes Kleid, das du als Hochzeitsgast tragen kannst. Gerade Klamotten lassen sich gut ausleihen und tauschen, aber auch Accessoires oder Bücher.

Nur wenige Mädchen und Frauen entsprechen ihnen. Das ist ja, was ein Ideal auszeichnet: Es ist »ideal«, das heißt, es stellt die beste Möglichkeit von etwas dar. Im Laufe der Zeit hat sich das Schönheitsideal allerdings immer mehr von den Körpern realer Mädchen und Frauen entfernt. So sollen weibliche Körper heute zwar schlank sein, dabei aber gleichzeitig volle Brüste und einen üppigen Hintern à la Kim Kardashian oder Beyoncé Knowles vorweisen – eine Körperform, mit der nur die wenigsten geboren werden und die sich auch nicht unbedingt durch die richtige Ernährung und Sport modellieren lässt. In den Medien wird aber etwas ganz anderes vermittelt, dort sind alle Gesichter und Körper perfekt.

Die Macht der Bilder

Doch Achtung: Der Schein trügt. Die vermeintlich makellosen Gesichter und Körper wurden nur so lange bearbeitet, bis sie perfekt aussehen. Das Zaubermittel heißt Photoshop und wird mittlerweile überall eingesetzt, vor allem in der Mode- und Kosmetikindustrie. Das Ergebnis sind Frauengesichter mit strahlend weißen Zähnen, poren- und faltenfreier Haut und Körpern, an denen sich keine Dellen oder Speckröllchen zeigen. Photoshop gehört mittlerweile zum Standard und die damit kreierten Bilder sind ganz schön perfide. Denn selbst wenn man weiß, dass die Bilder manipuliert wurden, lächeln perfekte und strahlend schöne Frauengesichter aus Magazinen und von Plakaten. Im Gegensatz zu anderen Ländern müssen mit Photoshop bearbeitete Kosmetikkampagnen in Deutschland nicht gekennzeichnet werden – nichts weist darauf hin, dass die porenfreie Haut in der Anzeige ungefähr so natürlich ist wie im Labor gezüchteter Analogkäse. Du bist ständig von künstlich hergestellter Perfektion umgeben, und das beeinflusst zwangsweise deine Wahrnehmung.

Hinzu kommt, dass das Problem ja nicht nur Hochglanzmagazine oder Werbekampagnen betrifft, sondern auch die sozialen Netzwerke, in denen du im Zweifelsfall eine Menge Zeit verbringst. Bilder auf

3 Mädels, die die Fashion-Szene aufmischen

★ **TOLMIEA, A.K.A. TOLLY DOLLY POSH**

Die Britin bloggt seit Jahren über Mode und möchte Teenagern zeigen, dass sie auch mit kleinerem Budget fair hergestellte Mode kaufen können – und sollten! Nachhaltigkeit ist ein großes Thema für die angehende Designerin.
http://tollydollyposhfashion.com/

★ **NATALIE NOTENBOOM**

Die Amerikanerin mit asiatischen Wurzeln lief 2017 mit 16 Jahren bei der Modenschau der Designerin Anna Sui in New York. An sich nichts Besonderes, doch Natalie ist ein sogenanntes »Curve«- oder »Plus Size«-Model – das heißt, sie trägt Kleidergröße 12, was in Deutschland ungefähr einer 42 entspricht. »Es gibt so wenige asiatische Plus Size-Models, die uns repräsentieren, warum sollte ich es also nicht sein?«[10], sagt Natalie.

★ **SOPHIA HADJIPANTELI**

Fülligere Augenbrauen mögen seit Längerem wieder Trend sein – zu buschig dürfen sie aber auch nicht aussehen. Und eine Monobraue? Geht gar nicht! Sophia Hadjipanteli allerdings sieht das anders: Sie zeigt sich auf ihren Instagram-Selfies unerschrocken mit Monobraue. Sie sagt: »Ich war noch nie jemand, der Dinge deshalb nicht trägt, weil sie nicht cool waren.«[11] Stattdessen macht sie lieber ihre eigenen Beauty-Regeln.

Instagram beispielsweise lassen sich auf vielfältige Arten manipulieren: durch den richtigen Filter, einen geschickten Winkel oder professionelle Beleuchtung. Es ist ja auch normal, dass man auf Fotos gut aussehen will und ein bisschen Retusche ist völlig okay. Aber dadurch, dass Instagram mittlerweile zu einer professionellen Marketing-Plattform, unter anderem für sogenannte »Influencer« geworden ist, finden sich hier immer mehr Fotos von vermeintlichen »Mädchen von nebenan«: Sie präsentieren eine kuratierte Auswahl von Bildern und sehen auf jedem Selfie unglaublich gut aus. Der Begriff Influencer leitet sich vom englischen Verb »to influence«, also »beeinflussen« ab. Influencer können unter anderem Blogger*innen, Journalist*innen oder Sportler*innen sein, die viele Follower und ein großes Netzwerk haben. Sie werben für bestimmte Produkte oder Marken und werden dafür bezahlt. Das ist an sich überhaupt nicht verwerflich, und viele Influencer nutzen ihren Einfluss durchaus auch für gute Zwecke (indem sie zum Beispiel bei sozialen Aktionen mit- und auf gesellschaftliche und politische Themen aufmerksam machen). Aber wenn du dich durch Instagram scrollst oder Youtube-Videos anschaust, solltest du dir trotzdem bewusst machen: Firmen und Marken setzen auf das persönliche, (vermeintlich) vertrauliche Verhältnis der Influencer zu ihren Fans und Followern, sowie auf ihre Authentizität. Dir soll etwas verkauft werden – das sogenannte »Influencer-Marketing« ist schlicht eine andere Art von Werbung. Problematisch ist, dass dies oft nicht deutlich genug gemacht wird: Nicht bei allen Instagram-Posts oder in jedem Youtube-Video lässt sich erkennen, welche der dort vorgestellten Produkte von Marken oder Firmen gesponsert wurden und welche nicht. Die Devise lautet also: Augen auf! Wenn du mal wieder neidisch auf die tolle Handtasche von Influencerin A schielst und dich fragst, wie Influencerin B immer all diese exotischen Urlaube bezahlen kann, dann denk dran: Influencer sind Unternehmer*innen, sie werden für das, was sie tun, bezahlt. Sie bekommen teure Handtaschen und reisen an schöne Orte, weil es ihr Job ist, darüber zu berichten und damit Geld zu verdienen.

Und ganz oft ist das alles mehr Schein als Sein – Fotos sind nicht die ganze Wahrheit. Weil es sich im Gegensatz zu den Topmodels auf den Werbeplakaten um angeblich völlig normale Mädchen handelt, liegt der Gedanke nahe: Wenn die so aussieht, warum ich nicht auch? Dabei sieht man die Arbeit nicht, die hinter einem einzigen Instagram-Foto steckt. Wie viele Fotos gemacht wurden, bis dieses eine, gute im Kasten war. Man hat keine Ahnung, mit welchen Filtern und anderen technischen Hilfsmitteln gearbeitet wurde. Das Internet bietet unendliche Möglichkeiten, sich täuschen zu lassen – dafür sorgen auch Hashtags wie #strongnotskinny oder sogenannte »Challenges«, bei denen es darum geht, den eigenen Körper mit anderen zu vergleichen. Und immer lässt sich Schönheit angeblich anhand bestimmter Faktoren messen. Dabei ist Schönheit total subjektiv: Was du schön findest, mag deine beste Freundin vielleicht gar nicht. Alles andere wäre ja auch furchtbar langweilig.

Nie schlank genug

Bilder sind vor allem dann gefährlich, wenn sie auf bereits ausgeprägte Schwächen treffen – und diese Schwächen sind bei Mädchen und Frauen reichlich vorhanden, schließlich wird ihnen ständig eingeredet, sie seien unzulänglich. Sie lernen geradezu, ihren Körper auf Makel und Fehler hin zu untersuchen: Wir schauen unseren Körper an, um zu sehen, was damit *nicht* stimmt. Von der weiblichen Unzufriedenheit mit dem eigenen Körper profitieren ganze Industriezweige: Wer würde denn die Antifalten-Produkte, die Detox-Tees oder die straffenden Body-Lotions kaufen, wenn alle mit sich zufrieden wären? Um den Konsum anzukurbeln, werden ständig neue Problemzonen entdeckt, die es zu beseitigen gilt. Dabei sind Körper nun einmal unterschiedlich! Sie sind nicht alle schlank, falten- und cellulitefrei, weiß, an den richtigen Stellen kurvig und haarlos. Eine Barbie-Puppe mag so aussehen, normale Frauen nicht. Trotzdem gaukeln uns die Kosmetik-, Diät- und Modeindustrie vor, es gäbe die eine, richtige Art von Körper, die es zu erreichen gilt – und zwar mithilfe der richtigen Produkte. Bei manchen Modeherstellern fängt »Plus Size«, also Übergröße, schon bei Größe 40 an; die durchschnittliche Konfektionsgröße in Deutschland liegt aber bei 42. Außerdem verändert sich der Körper im Laufe des Lebens: Nicht nur während der Pubertät, sondern auch danach. Und das ist nichts Schlechtes, sondern normal.

EIN SELF CARE-RITUAL ENTWICKELN

Es ist wichtig, dass du dir ab und zu bewusst Zeit für dich nimmst: Wenn du dich um dich kümmerst, fühlst du dich entspannter und wohler in deiner Haut. Im Englischen heißt das »Self Care« also »Selbstpflege«. Dabei geht es darum, dass du regelmäßig etwas für dich machst – etwas, das dir gefällt, was dir guttut und auf das du dich freust. Womit du dich selbst pflegst, ist natürlich dir überlassen. Hier sind ein paar Ideen:

- mach einen Spaziergang
- lackier dir die Finger- und Fußnägel
- geh für eine Stunde offline: kein Handy, kein Internet
- nimm ein heißes Bad
- dreh die Musik ganz laut auf und tanze wild
- lies ein gutes Buch
- schreib Tagebuch
- kuschel mit einem Tier
- beweg dich (beim Joggen, Fußballspielen oder wo auch immer)
- koch etwas Leckeres
- meditiere zehn Minuten

(Hinweis: Geht es um psychische Krankheiten, meint »Self Care« vor allem die Dinge, die Betroffene tagtäglich tun, um ihre Krankheit unter Kontrolle zu haben – vermeintlich simple Dinge wie Zähneputzen oder überhaupt aus dem Bett aufstehen)

Das ständige Zuballern mit Werbebotschaften und -versprechen, perfekten Gesichtern und Körpern führt dazu, dass Mädchen und Frauen sich miteinander vergleichen und sich unter Druck setzen. Du kennst das wahrscheinlich: Du beneidest deine Nachbarin um ihren knackigen Hintern oder deine Freundin darum, dass sie sich problemlos im Bikini zeigt. Mir war als Teenager nichts peinlicher als mein behaarter

Körper. Bevor ich mich ins Schwimmbad traute oder in kurzer Hose auf die Straße, verbrachte ich ziemlich lange mit dem Rasierer meines Vaters im Badezimmer – noch bevor meine Freundinnen überhaupt anfingen, sich zu rasieren. Meine dunkle Körperbehaarung kam mir wie eine Strafe vor, neidisch schielte ich auf die hellen Härchen meiner besten Freundin. Und natürlich beteiligte ich mich an typischen Gesprächen wie »Meine Beine sind so dick«, »Nein, meine sind dicker«.

Diese Art des Vergleichens ist aber nicht alles, hinzu kommen sogenannte »Shaming-Strategien«: Wer beispielsweise nicht dem herrschenden Schlankheitsideal entspricht, dem wird ein schlechtes Gewissen eingeredet. Die Person soll sich für ihren Körper schämen, sie soll sich anstrengen, sich mehr Mühe geben, abnehmen. Kein Wunder, dass sich laut Studien in Deutschland fast jedes zweite Mädchen zwischen 11 und 17 Jahren zu dick findet.[12] Bei einigen entsteht daraus eine richtige Ess-Störung: Jedes dritte Mädchen ist betroffen.[13] Die häufigsten Ess-Störungen sind Bulimie und Magersucht – sie sind nicht nur eine Krankheit, sondern auch Ausdruck des gesellschaftlichen Umgangs mit weiblichen Körpern.

Warum? Der gesellschaftliche Druck, dem Schönheitsideal zu entsprechen, ist enorm und dabei geht es auch wieder darum, Platz einzunehmen, beziehungsweise nicht einnehmen zu dürfen. Viele Essgestörte glauben, sich mit ihrem Essverhalten die Kontrolle über den eigenen Körper und damit auch über ihr Leben zurückholen zu können. Sie glauben, sich ihren Körper aneignen zu können. Doch das ist leider ein Irrglaube – in Wahrheit haben sie die Kontrolle längst verloren. Jede hat mal eine Phase, in der sie sich zu dick findet, in der angeblich alles schwabbelt, in der schlicht zu viel von ihr da ist. Solche Phasen sind normal. Solltest du aber merken, dass es sich um mehr als nur eine Phase handelt, dass deine Gedanken dauerhaft um dein Essverhalten kreisen und diese Gedanken dein Leben bestimmen: Handle. Gestehe dir ein, dass du ein Problem hast, vertraue dich jemandem an, suche Hilfe. Du bist nicht unzulänglich und du musst dich nicht »dünn machen«.

GEISTIGE GESUNDHEIT

»Gesunder Geist in einem gesunden Körper« – so lautet ein altes Sprichwort. Was aber, wenn du dich geistig überhaupt nicht gesund fühlst? Wenn du Angstgefühle hast, traurig bist, dich selbst verletzt? Mit diesen Gefühlen bist du nicht allein. Studien zeigen, dass Mädchen in der Pubertät häufiger unter Depressionen leiden als Jungen – Symptome sind unter anderem Apathie, Traurigkeit, Antriebslosigkeit, Selbstzweifel und Ängste.[6] Laut Studien in den USA und Großbritannien neigen Mädchen außerdem eher zu selbstverletzendem Verhalten.[7] Es ist normal, sich ab und zu mal alleine zu fühlen. So, als würde niemand dich verstehen, als würde sich niemand wirklich für dich interessieren. Es ist normal, ab und zu Angstgefühle zu haben. Jeder hat mal so einen Tag, an dem er sich am liebsten nur ins Bett verziehen und die Welt ausschließen würde. Kritisch wird es, wenn du dich über mehrere Wochen oder Monate so fühlst, wenn du dich selbst verletzt, nicht mehr isst, ständig Angst vor allem Möglichem hast, nicht mehr du selbst bist. Wenn alles hoffnungslos erscheint, du dauerhaft unglücklich, antriebslos und einsam bist. In so einem Fall kann es helfen, mit einer Vertrauensperson zu sprechen und einfach mal klarzumachen, wie schlecht du dich fühlst. Wenn dein Zustand sich nicht bessert, vereinbare einen Termin bei einem Arzt oder einer Ärztin – solltest du eine Krankheit wie zum Beispiel Depressionen oder eine Angststörung haben, lässt sich das feststellen und behandeln. Sowohl medikamentös als auch therapeutisch. Psychische Krankheiten sind nichts, für das man sich schämen muss; die Betroffenen können ja nichts dafür! Trotzdem wird immer noch viel zu wenig darüber gesprochen, vielen Menschen ist das Thema unangenehm und das Vorurteil, psychisch Kranke müssten sich »einfach mal zusammenreißen« hält sich hartnäckig.

Selbstliebe? Gar nicht so einfach!

Mädchen und Frauen sind heute angeblich freier als jemals zuvor, die Schönheitsstandards sind aber eher noch rigider geworden – und sich davon frei zu machen, ist sehr schwer. »Selbstliebe« lautet hier oft das Stichwort, das sowohl durch die sozialen Medien als auch durch Magazine verbreitet wird: Du musst dich nur selbst lieben, so die Parole, dann stören dich die Schönheitsideale und die damit verbundenen Vorgaben gar nicht mehr!

So simpel ist es natürlich nicht. Du kannst ja gar nicht alles an dir gut finden, das ist unmöglich. Und es wird immer Tage geben, an denen du vor dem Spiegel stehst und dich selbst nicht leiden kannst. Weil du Pickel hast. Weil dein Haar nicht richtig liegt. Weil du dich fett findest. Bei der Selbstliebe geht es vor allem darum, dich zu akzeptieren, wie du bist, trotz vermeintlicher Makel, trotz schlechter Tage. Es geht darum zu erkennen, dass du *du* bist – mit diesem Körper und diesen Haaren und diesen Pickeln –, und du nicht einem völlig unrealistischen und künstlichen Ideal hinterherrennst, dem du sowieso nie entsprechen kannst. Und es geht darum, dass Schönheit wirklich im Auge der Betrachterin liegt: Sicher gibt es eine ganze Menge Eigenschaften und Merkmale, die du an dir toll findest. Warum konzentrierst du dich nicht mal darauf? Hör auf, negativ über deinen Körper oder die Körper anderer zu sprechen. Es mag sein, dass die geteilte Unzufriedenheit dich mit anderen Mädchen zusammenschweißt, ungesund ist es trotzdem. Gemeinsam auf Fehlern und Mängeln herumzureiten verstärkt den Eindruck, dass es okay und normal ist, das zu tun und schadet dem Selbstbewusstsein. Wie du über etwas oder jemanden redest, ist nämlich nicht egal – du schaffst dadurch Fakten, Realität. Klar, Aussehen ist nicht unwichtig. Aber es ist eben auch nicht alles.

Was siehst du, wenn du deine beste Freundin anguckst? Doch sicher nicht ihre krumme Nase oder ihren kleinen Busen. Nein, du siehst ihr verschmitztes Lächeln und ihre tollen Haare. Warum betrachtest du dich selbst nicht so? Wie eine Freundin – und nicht wie eine Kritikerin? Es geht viel zu viel Zeit und Energie dafür drauf, sich mit dem eigenen Aussehen zu beschäftigen. Wer sich ohne eine Schutzschicht

Make-up nicht aus dem Haus traut oder beim Thema Mode nur daran denkt, wie gut das Oberteil die Speckröllchen kaschiert, der vergisst: Dinge wie Make-up oder Mode sollen auch Spaß machen! Sie unterstreichen die Persönlichkeit, bringen den Charakter zum Ausdruck, vermitteln dir ein gutes Gefühl. Gleiches gilt für Sport: Bewegung ist immer gut, egal, ob du dabei abnimmst oder nicht. Du spürst deinen Körper, merkst, was er so alles kann, und bekommst neuen Respekt für ihn. Beim Sport kannst du dich beweisen, dein Körpergefühl verbessert sich – und das Spektrum ist so groß, dass für jede(n) die passende Sportart dabei ist. Ob Yoga, Fußball oder Kampfsport: Hauptsache, du bewegst dich. Nicht, um Kalorien zu verbrennen. Sondern, weil es dir guttut.

Die traurige Wahrheit ist: Die Bilder werden nicht einfach verschwinden. Sie sind da – und deshalb solltest du lernen, mit ihnen umzugehen. Der erste Schritt ist, dir bewusst zu machen, dass das in den Medien propagierte Schönheitsideal unrealistisch ist. Informiere dich über die Entstehung von Medienbildern und die Mechanismen der Kosmetik-, Diät- und Modeindustrie. Wenn man Dinge erstmal durchschaut hat, ist es einfacher, mit ihnen umzugehen.

Der zweite Schritt ist ein kleiner Medien-Detox: Verbringe bewusst weniger Zeit damit, dir Bilder von vermeintlich perfekten weiblichen Gesichtern und Körpern anzuschauen. Und vor allem: Vergleiche dich nicht mit ihnen! Wenn dir bestimmte Personen durch ihre Selbstdarstellung in den sozialen Netzwerken ein schlechtes Gefühl vermitteln – weil du nicht so hübsch bist wie sie, den perfekten Freund hast oder ständig Traumurlaub an exotischen Orten machst – entfolge diese Leute konsequent. Folge nur Leuten, die dich inspirieren und positiv stimmen (meine Schwester folgt jeder Menge Hunde-Accounts, denn nichts bringt sie in so gute Stimmung wie ein Rauhaardackel).

Ernsthaft, das tut richtig gut und du hast mehr Zeit für andere Dinge, die dich nicht frustrieren, die dir Spaß machen und dir ein gutes Gefühl geben. Warte nicht, bis du ein bestimmtes Gewicht erreicht hast und einem im Zweifelsfall unrealistischen und fragwürdigen Ideal entsprichst: Wer weiß, ob dieser Zeitpunkt jemals kommt? Tu, was du tun willst – und zwar jetzt.

Sex und Sexualität oder: weg mit dem Schubladendenken

Einen weiblichen Körper zu haben bedeutet also, ständig angeschaut und bewertet zu werden – und vor allem bedeutet es, schon sehr früh dahingehend beurteilt zu werden, ob du sexy bist. Als seien nur weibliche Körper, die anziehend wirken, gut. Dabei geht es beim Thema Sexualität doch vor allem um dich, nicht um die anderen.

Sexualität ist ein schwieriges und oft verwirrendes Thema. Das liegt auch daran, dass Mädchen mit widersprüchlichen Botschaften konfrontiert werden: Sie sollen sexy sein, aber nicht zu sehr. Sie sollen sexuelle Bereitschaft zeigen, aber nicht »leicht zu haben« sein. Sie sollen Spaß an ihrer Sexualität haben, aber nicht als sogenannte »Schlampen« durch die Betten ziehen. Dabei handelt es sich um typische Doppelstandards – sprich, wie du es machst, machst du es falsch. Doppelstandards heißen auch deshalb so, weil für Jungs natürlich andere Regeln gelten: Wenn sie beispielsweise häufig wechselnde Sexualpartnerinnen haben, sind sie Helden, echte »Hengste«, »Gigolos«, »Casanovas« oder »Don Juans« – alles positiv besetzte Begriffe und Namen. Niemand käme auf die Idee, sie »Schlampe« zu nennen und sie aufzufordern, sich für dieses Verhalten zu schämen. (Was nicht heißt, dass Jungs nicht auch unter solchen Doppelstandards leiden – das tun sie! Wer will schon ein allzeit bereiter Hengst sein?)

Du bist also umgeben von doppeldeutigen Botschaften, die dir vermitteln, wie du deine Sexualität leben oder nicht leben sollst. Da ist es schwierig, sich überhaupt darüber klar zu werden, was man will und wer man ist, sexuell gesehen. Die gute Nachricht ist: Du, und du ganz allein hast das Recht, über deine Sexualität zu bestimmen. Das nennt sich »sexuelle Selbstbestimmung« und bedeutet, dass du deine Sexualität so leben darfst (und sollst!), wie du möchtest. Du entscheidest deine sexuelle Orientierung – ob, wann, wie und mit wem du Sex hast. Heutzutage ist Homo- oder Bisexualität viel akzeptierter als noch vor ein paar Jahren. Trotzdem gilt Heterosexualität, also Sexualität zwischen Mann und Frau, immer noch als die Regel, und alles andere als Ausnahme. Von Lesben oder Schwulen wird erwartet, dass sie sich selbstverständlich irgendwann »outen« und ihre Sexualität der Öffentlichkeit enthüllen. (Um das klar zu machen: Niemand sollte jemals gezwungen sein, sich zu outen – die Entscheidung darüber gehört auch zur sexuellen Selbstbestimmung!)

SLUT SHAMING

»Slut Shaming« bedeutet so viel wie »Schlampen beschämen«: Mädchen oder Frauen werden für ihr sexuelles Verhalten angegriffen, zum Beispiel wenn sie mehrere oder häufig wechselnde Geschlechtspartner*innen haben oder ihre Sexualität auf eine Art ausleben, die nicht der gesellschaftlichen Auffassung entspricht. Ihnen werden Schamgefühle eingeredet, sie sollen sich schuldig oder sogar minderwertig fühlen. Slut Shaming kann öffentlich oder privat stattfinden und impliziert, dass die vermeintliche »Schlampe« etwas falsch gemacht hat. Es geht darum, die weibliche Sexualität zu kontrollieren sowie festzulegen, was als »normales« Verhalten angesehen wird. Slut Shaming setzt übrigens nicht voraus, dass die vermeintliche »Schlampe« überhaupt irgendwas getan und mit irgendwem Sex gehabt hat – sie kann auch ein (angeblich) zu enges Top getragen oder (angeblich) zu große Brüste haben.

Das Perfide am Slut Shaming ist, dass es nicht nur der betroffenen Person schadet, sondern Mädchen und Frauen insgesamt. Denn es verstärkt die Vorstellung von ihnen als »Schlampen«, sowie die geltenden Doppelstandards in Bezug auf Sexualität. Auch Mädchen und Frauen beteiligen sich daran – vielleicht, weil sie sich dadurch mächtig fühlen, auf männliche Anerkennung hoffen oder denken, dieses Verhalten sei normal. Das Ganze hat also viel mit Girl Hate zu tun; damit, dass Mädchen und Frauen eingeredet wird, sie stünden in ständiger Konkurrenz zueinander. Was hilft dagegen? Ganz einfach: Mach dir deine eigenen Doppelstandards bewusst und hinterfrage sie. Nenne andere Mädchen oder Frauen nicht »Schlampen«. So simpel, so effektiv. Es kann viele Gründe geben, warum man jemanden nicht mag – Sexualität sollte nicht dazugehören.

Geht es um sexuelle Orientierung und Identität, ist das Bedürfnis, Menschen in Schubladen zu stecken, groß. Dabei hat Sexualität viele Facetten.

Das wusste schon der berühmte amerikanische Sexualforscher Albert Kinsey. Der befragte für seinen in den 1940er- und 1950er-Jahren erschienenen *Kinsey Report* mit einem Team von Wissenschaftlern Tausende Männer und Frauen, stets mit dem einleitenden Satz: »Ich möchte mit Ihnen über Sex reden.« Sein Bericht enthielt auch eine Skala, mit der die sexuelle Orientierung von Menschen erfasst wurde. Diese reicht von null bis sechs, wobei null für ausschließlich heterosexuell steht und sechs für ausschließlich homosexuell. Kinsey wollte zeigen, dass es beim Thema Sexualität nicht nur entweder/oder gibt, sondern ganz viele Zwischenstufen und fließende Übergänge. Sexualität findet innerhalb eines breiten Spektrums statt und kann sich im Laufe des Lebens verändern. Soll heißen, wenn du dir deiner sexuellen Orientierung nicht sicher bist: Kein Stress! Es ist okay, auszuprobieren, was dir gefällt und was nicht, zu wem du dich sexuell hingezogen fühlst und zu wem nicht.

Du musst dich nicht für eine sexuelle Orientierung »entscheiden« und es ist auch okay, wenn du mit dem ganzen Thema Sex und Sexualität (noch) nichts anfangen kannst. Jede hat da ihr eigenes Tempo. Mittlerweile ist sogar anerkannt, dass einige Menschen gar kein Interesse an Sex haben, weil sie kein sexuelles Verlangen spüren: Asexualität ist keine Krankheit, sondern findet sich ebenfalls innerhalb des sexuellen Spektrums.

Auf (sexuellen) Entdeckungstour

Sexualität ist eine persönliche Sache, und deshalb solltest du deine eigene Sexualität kennenlernen. Wie? Zunächst einmal, indem du ausprobierst: Was macht dich an? Wer macht dich an? Wie fühlt sich das an? Masturbation – also Selbstbefriedigung – kann dabei enorm hilfreich sein (und jede Menge Spaß machen). Du kannst in Ruhe deinen Körper erforschen und herumexperimentieren. Selbstbefriedigung von Mädchen und Frauen galt lange als Tabuthema, als etwas, über das man nicht spricht. Im Deutschen gibt es noch nicht einmal ein eigenes Wort für weiblichen Solo-Sex! Bei Jungs und Männern sieht es hingegen mal wieder ganz anders aus: Sie »holen sich einen runter« oder »reinigen das Rohr«. Männliche Masturbation wird in Film und Fernsehen thematisiert, oft auf humorvolle Art, sie wird nicht peinlich verschwiegen. Im Gegensatz zu weiblicher Masturbation. Das ist ziemlich rückwärtsgewandt und prüde, schließlich kannst du beim Solo-Sex viel über dich und deine Lust lernen – und erfahren, wie sich ein Orgasmus anfühlt.

So individuell Sexualität ist, beim Thema Geschlechtsverkehr gibt es trotzdem ein paar allgemeine, nützliche Regeln: Hab Sex nur mit jemandem, mit dem du Lust drauf hast. Hab Sex nur, weil du Lust hast und nicht, weil jemand anderer dir einreden will, dass du Lust hast, dich unter Druck setzt oder erpressen will. Hab Sex nicht, um jemanden zu beeindrucken oder jemandem eins auszuwischen. Betrunkener Sex ist ebenfalls keine tolle Idee, weil du nicht die volle Kontrolle über dich und die Situation hast. Auch wenn du eingewilligt hast: Du hast jederzeit das Recht »Das will ich nicht« zu sagen oder schlicht und einfach »Nein«. Denk an Verhütung: Das Kondom ist das einzige Verhütungsmittel, das sowohl vor einer ungewollten Schwangerschaft als auch vor Geschlechtskrankheiten schützt. Verlass dich nicht darauf, dass dein*e Partner*in sich um Verhütung kümmert, sondern nimm die Sache lieber selbst in die Hand. Mach dir bewusst, dass du genauso ein Recht auf Befriedigung, Lust und Vergnügen am Sex hast wie dein Partner oder deine Partnerin. Und, nicht zuletzt: sich sexuelle Inspiration zu holen ist okay, aber herkömmliche Pornos sind dafür nicht unbedingt der beste Weg. Warum? Weil sie ein extrem unrealistisches Bild davon zeigen, wie Sexualität angeblich abläuft und eine utopische Erwartungshaltung schaffen.

Realer Sex ist nicht wie der im Porno, sondern viel aufregender – er ist schließlich echt! Sex ist jedes Mal anders und abhängig von dem/der Partner*in, von der Situation, der Stimmung. Grundvoraussetzung für Sex sollte immer sein, dass alle Beteiligten ihr Einverständnis geben, sich mit der Situation wohlfühlen und für Verhütung gesorgt ist.

Sex in Filmen – die schlimmsten Mythen

Filmsex ist leidenschaftlich, erotisch, heiß – und hat mit realem Sex oft nicht viel zu tun, wie die folgende Liste zeigt.

★ **VON NULL AUF HUNDERT:** Zwischen dem Willen, Sex zu haben, und dem Akt an sich gibt es keinerlei Zwischenschritte. Die Filmprotagonist*innen sind sofort bereit. Vom Herunterreißen der Hose bis zur rhythmischen Kopulation vergehen nicht mehr als ein paar Sekunden.

★ **EROTISCHE ENTHÜLLUNG:** Filmpaare schälen sich stets mit vollendeter Eleganz aus ihren Klamotten – kein peinliches Gezurre, begleitet von der Feststellung, dass BH und Slip nicht so richtig zusammenpassen.

★ **DAS SCHWEIGEN DER LÄMMER:** Reden müssen Sexpartner* innen im Film nicht. Ihnen reichen bedeutungsvolle Blicke und erregte Geräusche, um zu wissen, was der jeweils andere will und mag.

★ **SCHUTZMECHANISMUS:** Verhütung? Spielt im Film schlicht keine Rolle.

★ **REIN-RAUS-REIN-RAUS:** Sex läuft in Filmen fast ausschließlich nach Schema F ab – beziehungsweise nach Schema P: Sex ohne Penetration ist kein Sex.

★ **OH, OH, OOOOOH:** Protagonistinnen bekommen schon fast einen Orgasmus, sobald ihr Partner in sie eindringt und können nach ein paar enthusiastischen Stößen seinerseits kaum noch an sich halten. Reality Check: Studien zeigen, dass nur ca. 25 Prozent der Frauen durch Penetration einen Orgasmus haben. Der Rest ist auf andere Formen der klitoralen und vaginalen Stimulation angewiesen, um »kommen« zu können.

★ **ALL NIGHT LONG:** Filmpaare haben nicht nur jede Menge Leidenschaft, sondern auch jede Menge Ausdauer. Kaum ist eine Runde beendet, grinst man sich verschwörerisch an: »Nochmal?«. Ernsthaft, was ist mit einer Verschnaufpause? Die brauchen normale Menschen nämlich.

Sind diese Voraussetzungen erfüllt, steigt die Wahrscheinlichkeit, dass du den Sex genießt und Spaß daran hast, enorm.

Der Umgang mit deiner Sexualität wird leichter, wenn du dich selbst gut kennst. Und dazu gehört auch, dass du deinen Körper kennst. Erstaunlicherweise gibt es eine ganze Reihe von Schimpfwörtern, die vom weiblichen Geschlechtsorgan inspiriert sind – »Fotze« oder »Muschi« beispielsweise. Oft wird aber nur verlegen herumgedruckst, wenn es wirklich um »da unten« geht. Dabei gehört auch dieser Teil zu deinem Körper und verdient ein bisschen Aufmerksamkeit. Los geht es schon mit der Bezeichnung, da wird nämlich oft einiges durcheinandergehauen: Zu den äußeren Geschlechtsorganen gehören Scheidenvorhof, Schamlippen und Klitoris – zusammen ergeben sie die Vulva, nicht die Vagina! Die gehört zu den inneren Geschlechtsorganen wie Gebärmutter, Eileiter und Eierstöcke. Ganz ehrlich: Hast du dir deine Vulva überhaupt mal angeguckt? Weißt du, wie sie aussieht? Könntest du sie zeichnen? Wenn nicht, kann ein kleiner Spiegel weiterhelfen, mit dem du dir einfach mal anschaust, wie es »da unten« denn aussieht.

Die Vulva kommt in allen Formen (und Farben!) daher und es gibt nicht die eine, ideale Vulva. Viele Frauen sehen das allerdings anders: Sie glauben, jede Vulva müsse hell, haarlos, straff und glatt sein. Schamlippenverkleinerungen gehören mittlerweile zum Standardrepertoire der plastischen Chirurgie, ebenso wie das Verengen der Vagina. Frauen versprechen sich von solchen Operationen ein verbessertes Selbstbewusstsein oder sogar besseren Sex. Noch einmal zum Mitschreiben: Das eine, richtige Vulvadesign gibt es nicht! Wenn du glaubst, dass mit deiner Vulva oder Vagina etwas nicht stimmt, lass es ärztlich abchecken, statt dir einzureden, dass du abnormal und seltsam bist.

Tage wie diese ...

Ein Thema, über das Mädchen und Frauen mindestens genauso gerne reden wie über ihre Vulva und Vagina – also gar nicht gerne –, ist die Menstruation. Ein im Regelfall monatlich wiederkehrendes Ereignis, mal mehr, mal weniger schmerzhaft, mal mehr, mal weniger blutig. Die Menstruation ist Teil des weiblichen Zyklus und tritt bei den meisten Mädchen zum ersten Mal zwischen dem 10. und 15. Lebensjahr auf. Für viele ist sie eher Fluch als Segen, aber sie hat auch praktische Funktionen: Erstens ist sie ein Indikator für Geschlechtsreife – wenn du deine Periode hast, kannst du theoretisch auch schwanger werden. Zweitens befördert sie das Ei, welches per Eileiter in die Gebärmutter gewandert ist, bei Nichtbefruchtung wieder aus dem Körper hinaus. Die Menstruation ist also ein völlig natürlicher Vorgang. Trotzdem wird so getan, als sei sie etwas Anrüchiges, etwas, wofür du dich schämen musst.

Das fängt schon bei der Werbung für Tampons und Binden an: In der heilen Werbewelt gibt es kein Blut, stattdessen sondern Frauen dort höchstens eine ominöse blaue Flüssigkeit ab, die sodann aus einem kleinen Röhrchen auf die blütenweiße Binde gekippt wird. Die Frauen in der Werbung hüpfen gerne befreit und glücklich in pastelligen Klamotten herum, schließlich nimmt der Tampon die »Flüssigkeit« (der Begriff »Blut« ist tabu) so gut auf! Besonderes Augenmerk wird darauf gelegt, wie »diskret« die dargebotenen Hygieneartikel sind: Hauptsache, es merkt niemand, dass die betreffende Frau gerade ihre Tage hat! Es gibt schließlich nichts Peinlicheres!

Neben der fragwürdigen Werbung gibt es natürlich noch die typischen Sprüche: »Schlecht drauf? Hast du deine Tage?« Oder: »Ist das jetzt PMS, oder warum zickst du so rum?« Für viele – vor allem, aber nicht nur – Angehörige des männlichen Geschlechts steht die weibliche Laune in direktem Zusammenhang mit dem weiblichen Zyklus. Dabei sind die Zyklen von Mädchen und Frauen so unterschiedlich wie sie selbst! Vielleicht hast du gar keine Probleme während deiner Menstruation und PMS (prämenstruelles Syndrom) kennst du nur vom

Hörensagen. Vielleicht liegst du aber auch jeden Monat mehrere Tage mit Wärmflasche im Bett und fragst dich, wann dein Leiden ein Ende hat. Oder irgendwas dazwischen.

Meine Periode war immer dermaßen stark und schmerzhaft, dass ich mehrmals den Schulunterricht verlassen musste, von der Ärztin empfohlenen Liebstöckeltee trank und ohne mit der Wimper zu zucken Schmerzmittel einschmiss. Wie viele soziale Aktivitäten (Schwimmbadbesuche, Geburtstage, Handballtraining) ich wegen meiner Höllentage verpasst habe – frustrierend. Oft verändert sich der Zyklus im Laufe des Lebens, zum Beispiel durch die Einnahme von Verhütungsmitteln wie der Pille. Die Periode zu haben, ist keine Krankheit – kann sich aber durchaus so anfühlen. In Großbritannien hat ein Unternehmen sogar sogenannten »Menstruationsurlaub« für weibliche Angestellte eingeführt: Haben diese ihre Periode, dürfen sie sich problemlos freinehmen. Auch in Indonesien und Südkorea existieren solche Regelungen, Italien denkt darüber nach. Ob das sinnvoll ist oder Frauen nicht doch irgendwie stigmatisiert, wird gerade diskutiert.

So oder so: Es ist wichtig, über die Menstruation zu sprechen, statt beschämt zu schweigen. Durch das Schweigen wird Mädchen und Frauen nämlich vermittelt, das Ganze sei ein Tabuthema – und nicht etwas völlig Natürliches, das sie circa 40 Jahre ihres Lebens (bis zur Menopause) begleiten wird. Während Jungen und Männer auf den Toiletten in der Schule oder im Büro alles finden, was sie brauchen – Klopapier, Seife und Papierhandtücher –, gibt es für Mädchen und Frauen meist keinen Tamponspender oder Ähnliches. Hinzu kommt die sogenannte Tamponsteuer: In Deutschland gilt für »notwendige« Produkte (darunter, warum auch immer, beispielsweise Trüffel) der verminderte Mehrwertsteuersatz von 7 Prozent, Tampons und Binden aber werden mit 19 Prozent besteuert und sind dadurch teurer, als sie sein müssten. Warum gelten sie nicht als »notwendige« Produkte? Man weiß es nicht.

Wahrscheinlich muss man froh sein, dass es in Deutschland überhaupt Zugang zu diesen Hygieneprodukten gibt: Einem Bericht von UNICEF und der Weltgesundheitsbehörde zufolge haben weltweit mindestens 500 Millionen Mädchen und Frauen keine angemessenen Möglichkeiten, ihre Menstruation handzuhaben. In Kenia verpassen Mädchen aufgrund ihrer Periode durchschnittlich fast fünf Tage Schule im Monat[14], im ländlichen Indien verlässt eines von fünf Mädchen die Schule, nachdem es zum ersten Mal seine Periode bekommen hat.[15] Die Mädchen bleiben aus Scham zu Hause und weil ihnen der Zugang zu Hygieneartikeln fehlt – es kann sehr schwer sein, an Binden oder Tampons zu kommen. Oft fehlt auch das Geld: Gemessen am Durchschnittseinkommen in ärmeren Regionen sind Hygieneartikel oft unverhältnismäßig teuer. Die Periode verhindert also einen regelmäßigen Schulbesuch und wirkt sich so unmittelbar auf die Bildungschancen von Mädchen und Frauen aus.

Und dann ist da noch die Sache mit der Religion: In vielen Religionen, darunter im Christentum und im Hinduismus, gelten Mädchen und Frauen während ihrer Periode als unrein, als schmutzig. Der Bibel zufolge darf eine Frau in dieser Zeit keinen Sex haben. Im Hinduismus gelten für menstruierende Mädchen und Frauen ebenfalls bestimmte Regeln: Sie dürfen keinen Tempel betreten, baden oder kochen. In Nepal gibt es sogar sogenannte »Menstruationshütten«, in die Mädchen und Frauen geschickt werden – damit sie fernab von anderen sind und mit ihrem »unreinen« Blut nicht den Rest der Gemeinschaft verschmutzen.

Gebräuche und jahrhundertealtes Denken lassen sich nur schwer beeinflussen oder gar ändern. Doch was den mangelnden Zugang zu Hygieneprodukten in vielen Regionen dieser Welt betrifft, ist es relativ leicht, den Status quo zu verbessern: Verschiedene Organisationen haben es sich zum Ziel gesetzt, Mädchen und Frauen weltweit den Zugang zu günstigen Hygieneprodukten zu ermöglichen. Als besonders erfolgversprechend haben sich dabei die sogenannten »Menstruationstassen« erwiesen: kleine Tassen aus Silikon, die ähnlich einem Tampon in die Vagina eingeführt werden und dort das Menstruationsblut auffangen. Menstruationstassen sind umweltfreundlicher und auf Dauer auch günstiger als Tampons oder Binden, weil sie immer wieder verwendet werden können. Die Tasse kann bis zu zwölf Stunden in der Vagina bleiben – einem Schulbesuch steht dadurch nichts mehr im Weg. In Deutschland gibt es die praktischen Tässchen mittlerweile in fast allen Drogeriemärkten, sie kosten im Schnitt zwischen 12 und 16 Euro. Vielleicht sind sie ja auch was für dich: Du sparst Geld und schonst die Umwelt und musst dir außerdem nie Gedanken darüber machen, ob du noch genug Tampons in der Tasche hast. Außerdem stecken in Tampons und Binden (wenn sie nicht Öko-Qualität haben) jede Menge Schad- und Bleichstoffe. Es lohnt, sich mal genauer damit auseinanderzusetzen – schließlich kommt kaum etwas näher an dich heran als ein Tampon. Es ist deswegen ganz und gar nicht egal, was alles in ihm steckt.

Du selbst weißt wahrscheinlich am besten, wie schwierig der Umgang mit dem eigenen Körper manchmal ist. Aber es ist *dein* Körper – und er verdient es, ihm nicht nur mit Ablehnung oder sogar Hass zu begegnen. Er verdient Respekt: Wenn du dich zum Beispiel während deiner Periode schlecht fühlst, warum schaltest du dann nicht einfach mal einen Gang runter? Hör auf deinen Körper, akzeptiere, dass du gerade keine Hochleistungen erbringen kannst, und entspann dich. Dein Körper, deine Regeln. Egal, ob es um dein Aussehen, deine Sexualität oder gewisse Körperflüssigkeiten geht. Dabei kannst du dir auch etwas von den Damen im nächsten Kapitel abschauen. Die waren mit den herrschenden Regeln nämlich unzufrieden – und sorgten deshalb dafür, dass sie sich änderten.

BEATE UHSE
(1919–2001)

★ **NATIONALITÄT:**
deutsch

★ **BERUF:**
Aufklärerin und Geschäftsfrau

★ **BESONDERE VERDIENSTE:**
Nach dem Zweiten Weltkrieg baute sie sich als alleinerziehende Witwe eine neue Existenz auf, schlug sich auf dem Schwarzmarkt durch und kam dabei mit vielen Frauen ins Gespräch, auch über ungewollte Schwangerschaften. Abtreibung war streng verboten und Beate startete eine Aufklärungskampagne über natürliche Verhütung in der sogenannten »Schrift X«. Daraus entstand das Versandhaus Beate Uhse, über welches sie Aufklärungsbücher, Kondome und Salben verkaufte. 1962 eröffnete Beate den ersten Sexshop weltweit. Sie zeigte den Deutschen, dass Sexualität etwas völlig Natürliches ist, etwas, über das man offen reden kann und sollte.

★ **NOCH ETWAS, DAS MAN ÜBER BEATE WISSEN MUSS:**
Sie wurde regelmäßig verklagt, weil ihre Artikel oder Geschäftspraktiken angeblich obszön waren. Außerdem war sie Deutschlands erste Stuntpilotin!

★ **BEATE IN DREI WORTEN:**
Pragmatisch, geschäftstüchtig und offen.

★ **IHR RAT AN JUNGE FRAUEN HEUTE:**
Sexualität soll Spaß machen, also schäm dich nicht für deine!

BRENDA HOWARD
(1946–2005)

★ **NATIONALITÄT:**
US-amerikanisch

★ **BERUF:**
Eigentlich gelernte Krankenpflegerin, vor allem aber als Aktivistin für die Rechte von Homo- und Bisexuellen unterwegs.

★ **BESONDERE VERDIENSTE:**
Organisierte 1970 den *Christopher Street Liberation Day March* mit: Eine Parade in New York, auf der für die Rechte von Homosexuellen und anderen sexuellen Minderheiten demonstriert wurde. 1969 fand in der New Yorker Bar *Stonewall Inn* ein Aufstand statt, mit dem sich das vornehmlich trans- und homosexuelle Publikum gegen willkürliche und gewalttätige Polizeirazzien wehrte. Es folgten tagelange Straßenschlachten mit der Polizei. Heute wird der *Christopher Street Day* weltweit gefeiert, er ist ein Fest- und Gedenktag für die LGBTI-Gemeinschaft.

★ **NOCH ETWAS, DAS MAN ÜBER BRENDA WISSEN MUSS:**
Sie war offen polyamourös, das heißt, sie führte Liebesbeziehungen mit mehreren Menschen gleichzeitig.

★ **BRENDA IN DREI WORTEN:**
Resolut, feurig und großherzig.

★ **IHR RAT AN JUNGE FRAUEN HEUTE:**
Ergreife Partei für die Rechte anderer – nimm die Sache selbst in die Hand!

FRIDA KAHLO
(1907 – 1954)

★ **NATIONALITÄT:**
mexikanisch

★ **BERUF:**
Malerin, bekannt für ihre Selbstporträts. Inspiriert von mexikanischer Folklore, sprach sie Themen wie Identität, Geschlecht und Postkolonialismus in der mexikanischen Gesellschaft an.

★ **BESONDERE VERDIENSTE:**
Frida gab nie auf. Kurz nach ihrem 18. Geburtstag bohrte sich bei einem Verkehrsunfall eine Stahlstange durch ihr Becken. Monatelang war sie ans Bett gefesselt, musste ein Korsett tragen. Sie fing an zu malen und machte daraus ihren Beruf – obwohl sie eigentlich Medizin studieren wollte. Fridas Leben blieb schmerzvoll. Sie überstand Dutzende Operationen. In ihrer Kunst benutzte sie ihren Körper als Metapher, um Rollenbilder zu erforschen.

★ **NOCH ETWAS, DAS MAN ÜBER FRIDA WISSEN MUSS:**
Frida lebte ihr Leben voller Leidenschaft trotz körperlicher Einschränkungen. Sie rauchte, trank, hatte Affären mit Männern und Frauen und engagierte sich politisch für den Kommunismus. Mal kleidete sie sich betont weiblich in mexikanischer Tracht, dann wieder zog sie Männerkleidung vor.

★ **FRIDA IN DREI WORTEN:**
Schmerz, Kraft, Leidenschaft.

★ **IHR RAT AN JUNGE FRAUEN HEUTE:**
Sei deine eigene Muse!

HELENE STÖCKER

(1869–1943)

★ **NATIONALITÄT:**
deutsch

★ **BERUF:**
Frauenrechtlerin, Sexualreformerin und Publizistin.

★ **BESONDERE VERDIENSTE:**
Helene war eine energische Kämpferin für die sexuelle Befreiung der Frau. Sie forderte Schutz für unverheiratete Mütter sowie uneheliche Kinder. Sex, so sah es Helene pragmatisch, fände eben nicht nur in der Ehe statt. Das ging damals selbst vielen Frauenrechtlerinnen zu weit, Helene galt als radikal. In der von ihr gegründeten Zeitschrift *Die Neue Generation* plädierte sie für Geburtenregelung, Selbstbestimmung über den eigenen Körper, das Recht auf Abtreibung und die Straffreiheit männlicher Homosexualität. Ein anderes Thema, das Helene am Herzen lag, war das Frauenstudium – sie war eine von wenigen Frauen, die an einer Hochschule zugelassen wurden.

★ **NOCH ETWAS, DAS MAN ÜBER HELENE WISSEN MUSS:**
Sie war eine überzeugte Pazifistin und engagierte sich während des Ersten Weltkriegs in der Friedensbewegung.

★ **HELENE IN DREI WORTEN:**
Radikal, frei, selbstbestimmt.

★ **IHR RAT AN JUNGE FRAUEN HEUTE:**
Es ist dein Körper und damit auch deine Sexualität. Du allein bestimmst darüber.

♡ GIRL CRUSH
Amandla Stenberg (*1998)

Amandla Stenberg wurde durch ihre Rolle im Film *Die Tribute von Panem* (2012) bekannt: Dort spielte sie Rue, ein mutiges Mädchen aus Distrikt 11. Vielen Menschen passte das gar nicht, sie beschwerten sich in den sozialen Medien lautstark darüber, dass eine Afroamerikanerin die Rolle bekam.

Amandla, Tochter einer afroamerikanischen Mutter und eines dänischen Vaters, beschloss, diese Stimmen zu ignorieren. Sie hat schließlich Besseres zu tun, als Hasskommentare im Internet zu lesen: Amandla engagiert sich feministisch, spricht offen über ihre politische Meinung, Rassismus, ihre sexuelle Orientierung (definitiv nicht heterosexuell) und über ihr Geschlecht (»Ich denke von mir selbst statisch nicht als Mädchen«[15]).

Vor einigen Jahren wurde ein Video, welches Amandla für die Schule gedreht hatte, online ein großer Erfolg: Darin kritisiert sie weiße Stars wie Katy Perry, die typisch afroamerikanische Frisuren wie Cornrows übernehmen – das sei »kulturelle Aneignung«, weiße Menschen bedienen sich unrechtmäßig und schamlos der Kultur von Diskriminierten. Ein kompliziertes Thema, das Amandla auf den Punkt brachte: »Wie würde Amerika sein, wenn wir schwarze Menschen genauso lieben würden, wie wir schwarze Kultur lieben?«.

Amandla ist es wichtig, verschiedene Formen der Diskriminierung und deren Überschneidung sichtbar zu machen – eine afroamerikanische Frau erfährt Diskriminierung anders als eine weiße. Amandla ist radikal, und entschuldigt sich dafür nicht. Einen ihrer Vorträge nannte sie passenderweise: »Meine Authentizität ist mein Aktivismus.«[16]

GIRL CRUSH
Morgan Hurd (*2001)

Das Erste, was an Morgan Hurd auffällt, ist ihre Brille – wenige Sportler*innnen tragen überhaupt eine, und bei den Turner*innen nahezu niemand. Außer Morgan, die die Brille zu ihrem Markenzeichen gemacht hat. Dabei ist das Ganze für sie weniger modisches Statement als vielmehr Notwendigkeit: »Ich habe es mit Kontaktlinsen versucht, aber die haben meine Augen trocken gemacht, und wenn ich Zeug ins Auge bekommen habe, musste ich sie rausnehmen und wieder einsetzen.«[17] Statt ihre Trainingszeit mit so etwas zu vertrödeln, befestigt Morgan ihre Brille lieber mit einem elastischen Band am Hinterkopf. Morgan wurde als Kleinkind aus China adoptiert und wuchs in den USA auf. Sie turnt, seit sie drei ist, und gilt heute als eine der amerikanischen Nachwuchshoffnungen. Bei der Weltmeisterschaft 2017 in Montreal gewann sie überraschend die Goldmedaille im Bodenturnen und die Silbermedaille am Schwebebalken.

Wenn sie nicht gerade trainiert, ist Morgan ein typischer Teenager – und riesiger Harry Potter-Fan! Danach gefragt, welchen Charakter sie während des Bodenturnens gerne darstellen würde, antwortete sie: »Einen Zauberer!« J.K. Rowling ist mittlerweile auch Fan der jungen Turnerin. Als sie auf Twitter darauf aufmerksam gemacht wurde, dass Harry Potter-Fan Morgan Hurd gerade Weltmeisterin im Turnen geworden sei, gratulierte Rowling. Morgan bedankte sich und schrieb: »Dein Schreiben hat meine Sicht auf die Welt und mein Leben wirklich verändert.« Rowlings Antwort: »Ich fühle mich geehrt, das von einer echten Heldin mit Brille zu hören.«[18]

TEIL III

DER KAMPF

UM DIE

EMANZIPATION

Der Kampf um die Emanzipation

Der Blick in die Vergangenheit ist wichtig – schließlich bestimmt das, was war, die Gegenwart. Im Geschichtsunterricht allerdings spielen Frauen kaum eine Rolle, sie kommen nur am Rande vor. In den letzten Jahrhunderten (ach was, Jahrtausenden!) wurde Geschichte hauptsächlich von Männern geschrieben und die fanden Frauen oft nicht so erwähnenswert. Wie viele berühmte Erfinder kennst du? Sicher einige. Und wie viele Erfinderinnen? Sicher nur wenige oder sogar keine.

Geschichte ist männlich geprägt und deshalb hat sie sich in der Vergangenheit auch nicht für Ereignisse, die Frauen betrafen, oder aus ihrer Perspektive erzählt wurden, interessiert. Noch immer zeigt sich diese Art der Geschichtsschreibung in wissenschaftlichen Werken und Schulbüchern. Über das Frauenwahlrecht in Deutschland beispielsweise wirst du in der Schule vermutlich kaum mehr erfahren, als dass es 1918 eingeführt wurde. Dabei ist gerade diese Geschichte besonders spannend, zeigt sie doch, wie aus unmündigen Menschen mündige Bürgerinnen wurden. Im Film *Suffragette* (2015) soll die junge britische Wäscherin Maud Watts vor dem Parlament erklären, warum sie sich für das Frauenwahlrecht einsetzt. Was sich denn ändern würde, wenn sie es hätte, wird sie gefragt. »Alles«, sagt Maud. Das Frauenwahlrecht steht nämlich symbolisch für so viele Dinge: Das Recht von Frauen, an der Öffentlichkeit teilzuhaben; das Recht, eine Stimme zu besitzen; das Recht, politische Entscheidungen zu treffen. Es geht um Bürgerinnenrechte, und die sind die Voraussetzung dafür, dass Frauen als eigenständige Individuen anerkannt werden – und nicht als Menschen zweiter Klasse.

Das Frauenwahlrecht war Katalysator für weitere Veränderungen: Erst nachdem Frauen zu rechtmäßigen Bürgerinnen geworden waren, wurde es möglich, andere Rechte zu erkämpfen. Rechte, die auch du heute hast und von denen du profitierst. Geht es um Bürgerinnenrechte, geht es damit um die Sichtbarkeit von Frauen – darum, dass sie Teil der Gesellschaft sind. Deshalb sind das Frauenwahlrecht und seine Geschichte so wichtig.

Zitate zur Frauenemanzipation

»Die Frau hat das Recht, das Schafott zu besteigen. Gleichermaßen muss ihr das Recht zugestanden werden, eine Rednertribüne zu besteigen.«
OLYMPE DE GOUGES, 1748-1793

»Wenn Frauen mehr Rechte wollen, warum nehmen sie sie sich nicht einfach, statt ständig nur darüber zu reden?«
SOJOURNER TRUTH, 1798-1883

»Es gibt keine Freiheit der Männer, wenn es nicht eine Freiheit der Frauen gibt. Wenn eine Frau ihren Willen nicht zur Geltung bringen darf, warum soll es der Mann dürfen?«
HEDWIG DOHM, 1831-1919

»Der Platz der Frau in der Gesellschaft ist immer der, den der Mann ihr zuweist.«
SIMONE DE BEAUVOIR, 1908-1986

»Ich akzeptiere nicht länger die Dinge, die ich nicht ändern kann. Ich ändere die Dinge, die ich nicht akzeptieren kann.«
ANGELA DAVIS, *1944

Eine Geschichte, die lang und stellenweise kompliziert ist – die du aber kennen solltest, denn es ist eine Emanzipationsgeschichte. Der Begriff Emanzipation stammt vom lateinischen *emancipato* und bedeutete ursprünglich »Entlassung aus der väterlichen Gewalt« oder »Freilassung eines Sklaven«. Was er vor allem meint, ist die Entlassung in die Eigenständigkeit. Das Frauenwahlrecht stand am Ende einer Jahrhunderte dauernden Emanzipation – und bildete zugleich einen neuen Anfang.

Frauen und Männer: privat vs. öffentlich

Machen wir eine kleine Zeitreise, zurück an das Ende des 18. und den Beginn des 19. Jahrhunderts in Europa. Mit dem Beginn der Industrialisierung ist in Deutschland und anderen europäischen Ländern eine bürgerliche Mittelschicht entstanden, in der Männer die Alleinernährer sind und Frauen immer mehr aus dem Arbeitsprozess hinaus- und in die eigenen vier Wände hineingedrängt werden.

Bis weit ins 18. Jahrhundert war es normal, dass Frauen ihren Teil zum Erwerb beitrugen, Handwerker und Bauern waren auf die Mithilfe ihrer Ehepartnerinnen angewiesen. Um diesen Vorgang zu rechtfertigen, werden »natürliche« Unterschiede zwischen Mann und Frau angeführt: Frauen gelten als tugendhaft, sittsam und fleißig und sind deshalb als Ehefrauen und Mütter besser im Haus aufgehoben. Männer hingegen gelten als vernünftig, tüchtig und geeignet, außerhalb des Hauses das Geld zu verdienen. Männer und Frauen haben unterschiedliche Zuständigkeitsbereiche; damit geht einher, dass die gesellschaftlichen Räume ebenfalls getrennt werden, und zwar in »privat« (Frauen) und »öffentlich« (Männer).

Die Geschlechterrollen sind strikt getrennt, Frauen dem männlichen Familienoberhaupt, also dem Vater, Bruder oder Ehemann, untergeordnet (das nennt sich »Geschlechtsvormundschaft«). Sie sind zum Gehorsam verpflichtet, haben kein Recht auf Eigentum, dürfen über ihr Geld – egal ob ererbt oder selbst verdient – nicht bestimmen und in den meisten Fällen keiner eigenständigen Berufstätigkeit nachgehen. Geschiedene Frauen oder alleinstehende Mütter haben es noch schwerer: Sie können mit keinerlei Unterstützung rechnen. Stell dir mal vor, dein Vater oder Bruder dürfte einfach so über dich und dein Leben bestimmen: Ob du heiratest, wen du heiratest, wie du mit deinem Geld umgehst (wenn du überhaupt welches haben darfst) ... Und nach deiner obligatorischen Hochzeit gehen diese Rechte auf deinen Ehemann über. Du hast keine eigene Entscheidungsmacht – einzig und allein, weil du kein Mann bist. Eine ganz schön frustrierende Vorstellung, oder?

Im Gegensatz zu den bürgerlichen Frauen der Mittelschicht haben Frauen aus der Arbeiterschicht gar nicht die Wahl, entweder Hausfrau und Mutter *oder* erwerbstätig zu sein. Sie müssen arbeiten, um die Familie mitzuernähren, und gleichzeitig ihre Rolle als Hausfrau und Mutter erfüllen. Eine kräftezehrende Doppelbelastung. Im Bürgertum gelten Ehe und Kindererziehung als einziges Lebensziel von Frauen, die Rolle der Mutter wird völlig überhöht. Somit ist eine Berufstätigkeit für bürgerliche Frauen nicht vorgesehen, die einzig akzeptierte außerhäusliche Tätigkeit ist ehrenamtliches Engagement. Frauen, die es nicht geschafft haben, sich einen Ehemann zu angeln und im häuslichen Glück aufzugehen, werden bemitleidet und verachtet. Noch schlimmer als ungewollte Ehe- und Kinderlosigkeit ist nur die selbstgewählte. Frauen wie die Schriftstellerin Sophie von La Roche sind in dieser strengen Rollenverteilung die Ausnahme: von La Roche betreibt einen literarischen Salon, gibt die erste deutsche Frauenzeitschrift *Pomona* heraus und widmet sich ansonsten ihrem eigenen Werk – ihr 1771 erschienener Roman *Geschichte des Fräuleins von Sternheim* gilt als der erste deutschsprachige Roman, der von einer Frau verfasst wurde, und begründet von La Roches Erfolg als finanziell unabhängige Berufsschriftstellerin. Die geltenden Geschlechterrollen stellt von La Roche allerdings nicht infrage: Sie erfüllt ihre Rolle als bürgerliche Dame des Hauses und vertritt in ihren Schriften keine radikalen Ansichten. Doch sie betont immer wieder die Wichtigkeit von Bildung für Mädchen und Frauen und zeigt durch ihre Lebensweise, dass Frauen sehr viel mehr sein können und sollten als nur ein Anhängsel am Arm des Mannes. Mal ehrlich: So selbstverständlich ist das heute auch noch nicht! Achte mal drauf, wie oft von »der Frau an seiner Seite« die Rede ist, von der »charmanten Begleitung« oder davon, wie Frauen ihren Männern angeblich den Rücken freihalten (»Hinter jedem erfolgreichen Mann steht eine starke Frau«). Die Frau, das schicke Accessoire.

Freiheit, Gleichheit, Brüderlichkeit!

Gegen Ende des 18. Jahrhunderts beginnt das rigide Geschlechtermodell zu bröckeln. Dazu trägt vor allem die Französische Revolution von 1789 bei – und das, obwohl sie zunächst nicht unbedingt viel für die Gleichberechtigung zwischen Mann und Frau tut. Ziel der Revolution ist es, das hast du vielleicht schon in der Schule gelernt, Menschenrechte und Demokratie einzuführen und die feudalistische Gesellschaftsstruktur abzuschaffen. »Freiheit, Gleichheit, Brüderlichkeit« lautet das revolutionäre Motto – für Frauen ist bei so viel euphorischer Verbrüderung allerdings kein Platz. Zwar beteiligen sich viele Frauen an revolutionären Aktionen, doch so richtig ernst genommen werden sie von den Männern nicht. 1789 wird die Erklärung der Menschen- und Bürgerrechte verkündet, doch »Mensch« oder »Bürger« meint in diesem Fall nur – Männer. Frauen sind und bleiben Menschen zweiter Klasse. Französinnen wie Olympe de Gouges protestieren energisch dagegen und fordern Rechte auch für Bürgerinnen. Ohne Erfolg. Die Revolution endet 1804 mit der Krönung Napoleons zum Kaiser. Das wars also mit Freiheit und Gleichheit.

Doch auch Napoleon kann nicht verhindern, dass die von de Gouges und anderen verkündeten Ideen und Forderungen sich weiterverbreiten, sowohl in Frankreich als auch im Rest Europas. Ab 1810 gründen sich in Deutschland die ersten Frauenvereine, und so richtig in Schwung kommt die Sache 1813: Die sogenannten »Befreiungskriege« beginnen, mit denen die französische Vorherrschaft unter Napoleon in großen Teilen Europas beendet werden soll. Durch das Heilige Römische Reich deutscher Nation – der damalige Name für das territorial zersplitterte Deutschland – schwappt eine Welle des Patriotismus.

In der Folge gründen sich zahlreiche »patriotische« Frauenvereine, die zunehmend soziale und karitative Aufgaben übernehmen. Für viele bürgerliche Frauen sind diese Vereine eine Möglichkeit, ihr Haus zu verlassen und in der Öffentlichkeit tätig zu werden. Sie gewinnen Selbstvertrauen, Handlungs- und Gestaltungsspielraum. Einige Menschen (Spoiler: die Männer) sind davon nicht begeistert: Frauen, die für ihr Engagement in einem Frauenverein den Haushalt im Stich lassen? Eine Katastrophe für das männliche Ego! Doch auch empörte Männer können nicht verhindern, dass die patriotischen Frauenvereine zu Vorläufern der späteren politischen Frauenvereine werden.

EIN MANIFEST SCHREIBEN

Ein Manifest ist eine öffentliche Erklärung von Zielen und Absichten und wird oft in schriftlicher Form verbreitet. Es gibt künstlerische Manifeste, philosophische, politische und viele andere. Olympe de Gouges' *Erklärung der Rechte der Frau und Bürgerin* von 1791 ist beispielsweise ein Manifest, genauso wie das *Riot Grrrl Manifesto* von 1991, in dem die Grundsätze der feministischen Punk-Bewegung »Riot Grrrl« festgehalten wurden. Ein Manifest ist eine tolle Sache, um aufzuschreiben, wofür jemand steht und was er oder sie fordert. Schreib doch einfach dein eigenes! Lass dich von anderen Manifesten inspirieren: Welche Form gefällt dir? Welcher Stil? Was beeindruckt dich besonders? Für dein eigenes Manifest ist es wichtig, dass du eine Frage beantwortest: Woran glaube ich? Was ist meine »Mission«? Es geht darum, wofür du als Person stehen willst, was dir wichtig ist und wie du es nach außen vertrittst. Jedes Manifest ist anders, es gibt keine vorgegebene Form. Achte darauf, dass du präzise bist und deine Punkte übersichtlich gestaltest, zum Beispiel, indem du einen klaren Aufbau wählst und Gedanken thematisch ordnest. Druck dein Manifest aus oder schreib es in Schönschrift auf – und dann häng es am besten irgendwohin, wo du es immer wieder anschauen kannst.

Die neue (weibliche) Vereinskultur

Im Jahr 1830 finden, ausgehend von Frankreich, in mehreren europäischen Ländern Revolutionen statt – auch in Deutschland. Die Menschen fordern eine neue Verfassung und Gesellschaftsordnung. 1832 versammeln sich beim »Hambacher Fest« im heutigen Rheinland-Pfalz zahlreiche Menschen, darunter viele Intellektuelle, um die nationale Einheit Deutschlands, Freiheit und Volkssouveränität zu fordern. Auch viele Frauen beteiligen sich, schließlich hat Mitinitiator Philipp Jakob Siebenpfeiffer sie explizit eingeladen: »Deutsche Frauen und Jungfrauen, deren politische Missachtung in der europäischen Ordnung ein Fehler und ein Flecken ist, schmücket und belebet die Versammlung durch eure Gegenwart!«[19] Na, welche Frau kann dazu schon Nein sagen?

In ganz Deutschland bilden sich verschiedene Reformbewegungen, die einen deutschen Nationalstaat mit liberaler Verfassung wollen. Die politische Landschaft differenziert sich aus: Es gründen sich politische Gruppen jeder Farbe, ob konservativ, sozialistisch, liberal oder katholisch. Die beliebteste Organisationsform dieser Gruppen ist der Verein – dort machen Frauen bis zu 40 Prozent der Mitglieder aus.[20] Frauen politisieren sich zunehmend und es wird immer normaler, sie in Vereinen und innerhalb der Reformbewegung anzutreffen. Wenn du also heute in Deutschland eine Frau als Justizministerin oder Verteidigungsministerin siehst, ist das auch ein Resultat der weiblichen Politisierung im 19. Jahrhundert. Trotzdem haben Männer weiterhin das Sagen, politisches Interesse und öffentliches Auftreten von Frauen wird misstrauisch beäugt. Gut, dass es Louise Otto gibt. Sie veröffentlicht in verschiedenen Zeitungen Meinungsartikel, zunächst unter dem Pseudonym »Otto Stern« oder »ein sächsisches Mädchen«. 1843 wirft der Politiker und Publizist Robert Blum in den *Sächsischen Vaterlandsblättern* die Frage nach der politischen Stellung der Frau auf. Louise Ottos Antwort ist deutlich: »Die Teilnahme der Frau an den Interessen des Staates ist nicht ein Recht, sondern eine Pflicht.«[21] Auch andere Frauen wie Louise Dittmar oder Louise Aston (offenbar sind Louises generell auf Krawall gebürstet) melden sich zu Wort und fordern mehr Rechte für Frauen oder gar die Gleichberechtigung der Geschlechter. Als es 1848/49 zur deutschen Revolution – der »Märzrevolution« – kommt, ist Otto natürlich ganz vorne mit dabei. Sie wird Herausgeberin der von ihr gegründeten *Frauen-Zeitung*, deren Motto lautet: »Dem Reich der Freiheit werb ich Bürgerinnen!« Später wird eigens für die rebellische Otto ein sächsisches Pressegesetz eingeführt, welches Frauen die Herausgabe von Zeitungen verbietet (bekannt als Lex Otto, also Otto-Gesetz). Die aber lässt sich nicht unterkriegen und gehört während der Revolution zu den aktivsten Frauen.

Neue demokratische Frauenvereine gründen sich, Arbeiterinnen demonstrieren gegen ihre Arbeitsbedingungen und die Tatsache, dass sie für die gleiche Tätigkeit weniger Lohn bekommen als Männer. Doch die Revolution, die dem deutschen Volk die Wahl einer Nationalversammlung sowie neue Freiheiten verschaffen soll, scheitert – die konservativen Kräfte setzen sich durch, in allen deutschen Ländern werden in den 1850er-Jahren Gesetze verabschiedet, die Frauen ein politisches Engagement in Vereinen verbietet.[22] Das musst du dir mal vor Augen führen: Frauen wird jedes Recht abgesprochen, sich politisch einzubringen, bei politischen Prozessen in Deutschland mitreden zu dürfen. Einfach so, weil Männer das entschieden haben. Viele der während der Revolution aktiven Frauen ziehen sich ins Private zurück und warten auf bessere Zeiten.

Und die kommen: In den 1850er- und 1860er-Jahren lockern sich die autoritären Strukturen zunehmend, was vor allem am Wirtschaftsaufschwung und der nachhaltigen Veränderung der Arbeitswelt liegt. Die Reformbereitschaft, auch die politisch-gesellschaftliche, steigt. Im Oktober 1865 findet in Leipzig eine große Frauenkonferenz statt – eingeladen hat dazu die mittlerweile verheiratete Louise Otto-Peters. Das Ergebnis dieser Zusammenkunft mit mehr als 120 Frauen ist der *Allgemeine Deutsche Frauenverein* (ADF). Dieser konzentriert sich vor allem darauf, bürgerlichen Frauen das Recht auf Bildung und Arbeit zu verschaffen: Diesen steht nämlich, wenn überhaupt, nur ein sehr begrenztes Spektrum an Berufen zur Verfügung, wie Gouvernante (eine Art Erzieherin) oder Lehrerin. Mit diesen Berufen halten sich familienlose Frauen oder solche aus einfacheren Verhältnissen auch nur so lange über Wasser, bis sie einen Mann finden, der sie ernähren kann. So richtig angesehen sind Berufe wie der der Lehrerin deshalb nicht – an Berufe, die eine höhere Bildung voraussetzen, ist für Frauen gar nicht zu denken. Der ADF engagiert sich unter anderem für eine verbesserte Mädchenbildung und für eine wissenschaftliche Lehrerinnenausbildung:[23] 1890 gründet Helene Lange den *Allgemeinen Deutschen Lehrerinnenverein*, der für die Zulassung von Frauen zum Abitur (1893) und an Universitäten (ab 1899/1900) sorgt. Bildung ist also auch ein Recht, das für Mädchen und Frauen erst mühsam erstritten werden musste – dass du zur Schule gehst und danach die Möglichkeit hast, zu studieren (wenn du das denn möchtest), war nicht immer selbstverständlich. Das Wissen darüber, wie es einmal war, ändert natürlich nichts daran, dass Schule dich höchstwahrscheinlich oft nervt. Aber manchmal ist es trotzdem nicht schlecht, die Dinge in Perspektive zu rücken: So wird aus dem Schulbesuch keine blöde Pflicht, sondern ein hart erkämpftes Recht. Die Macht des positiven Denkens!

Emanzipatorische Grabenkämpfe

So wichtig der ADF und seine Vertreterinnen auch sind, er hat einen Makel: Er kooperiert nicht mit Frauen aus der Arbeiterschicht. Für deren Anliegen haben die im ADF organisierten bürgerlichen Frauen wenig Interesse, sie halten stattdessen an Ehe und Mutterschaft als natürlicher Bestimmung der Frau fest. Eine Berufstätigkeit kommt eigentlich nur infrage, wenn eine Mutterschaft nicht möglich ist. Frauen und Männer, so glauben viele bürgerliche Frauenrechtlerinnen, sind nun einmal unterschiedlich und Aufgabe der Frau ist es, den Mann und dessen Wirken zu ergänzen.

Nur wenige Frauen, darunter die Schriftstellerin Hedwig Dohm, führen Geschlechtsunterschiede und geschlechtsspezifische Verhaltensweisen auf die kulturell-gesellschaftliche Prägung zurück, nicht auf die Biologie. Für Arbeiterinnen ist die Diskussion der bürgerlichen Frauen völlig lebensfern – Erwerbstätigkeit ist für sie kein Recht, sondern schlichtweg notwendig, um ihre Familien zu ernähren. Sie plädieren für bessere Arbeitsbedingungen und Kinderbetreuungsmöglichkeiten und können mit der Idee einer »natürlichen« Bestimmung der Frau nicht viel anfangen. Die SPD-Politikerin Clara Zetkin, eine der Anführerinnen der Arbeiterinnenbewegung, betont, das Hauptproblem sei das ungerechte gesellschaftliche und wirtschaftliche Herrschaftsverhältnis, der sogenannte Kapitalismus. So weigert sich die proletarische Frauenbewegung unter Zetkins Leitung denn auch, der 1894 gegründeten Dachorganisation *Bund deutscher Frauenvereine* (BDF) beizutreten (diese bot die Aufnahme allerdings auch gar nicht erst an). Im deutschen Kaiserreich gibt es also nicht *die* eine große Frauenbewegung. Im Gegenteil: Sie differenziert sich immer mehr aus, es bilden sich unter anderem religiöse Frauenorganisationen und Frauenberufsverbände.

Ein großer Graben verläuft zwischen den Bürgerlichen und den Proletarierinnen, die unterschiedliche Themenschwerpunkte setzen und unterschiedliche Strategien verfolgen. So glauben die bürgerlichen Frauen, dass sie den weiblichen Kultureinfluss steigern müssen, um ihre Ziele zu erreichen. Sie vermeiden es, zu aggressiv oder fordernd aufzutreten und wählen stattdessen die Anpassung. Die proletarischen Frauen hingegen glauben, dass die »Frauenfrage« im Kapitalismus nur ein sogenannter »Nebenwiderspruch« ist, der sich allein durch eine sozialistische Revolution lösen lässt (wie du bereits festgestellt haben wirst, ist diese Revolution bis heute nicht passiert). Weil der Kapitalismus ein System ist, das alle Lohnabhängigen – ob Männer oder Frauen – unterdrückt, suchen die Proletarierinnen den Schulterschluss mit den Männern. Kurz gesagt: Frauen haben eben nicht alle die gleichen Interessen, nur weil sie Frauen sind. Das gilt auch beim Thema Wahlrecht.

Die Qual der Wahl

Schon seit den 1870er-Jahren werden vereinzelt Forderungen nach dem Frauenwahlrecht laut. Hedwig Dohm, stets ihrer Zeit voraus, fordert in dem Essay *Der Frauen Natur und Recht* von 1876 mit deutlichen

Worten eine politische Partizipation der Frauen: »Die Männer haben von jeher die Frauen unterdrückt in unerhörter und beispielloser Weise, und die menschliche Vernunft fügt hinzu: Und sie werden sie unterdrücken, bis das weibliche Geschlecht Theil hat an der Abfassung der Gesetze, von denen es regiert wird, denn jedes Recht, hinter dem nicht eine Macht steht, ist ein Traumbild und ein Phantom.«[24] 1896 veröffentlicht Helene Lange ihre Schrift *Frauenwahlrecht*. Sie schreibt: »Nur die Frau versteht alle Bedürfnisse und Interessen ihres Geschlechtes ganz, und wenn auch der Mann für die einzelne, *geliebte* Frau eintreten kann und wird, so kann nur die Frau die Frau als Geschlecht schützen. Und die einzige Form, in der das wirksam und auf die Dauer geschehen kann, ist das *Frauenstimmrecht* (aus dem sich konsequenter Weise auch das passive Wahlrecht ergibt), der Einfluss auf die Gesetzgebung. [...] Erst durch das Frauenstimmrecht wird das allgemeine Stimmrecht zu etwas mehr als einer bloßen Redensart.«[25] Frauen, sowohl bürgerliche als auch proletarische, erkennen, dass sie sich nicht auf wohlmeinende Männer verlassen können, sondern sich für ihre politischen Anliegen selbst einsetzen müssen.

Eine Erkenntnis, die du dir merken solltest: Wenn du dich nicht selbst für deine Interessen einsetzt, wird es eventuell niemand sonst tun (mehr dazu in Teil V!). Hedwig Dohm war mit ihrer Forderung nach dem Frauenwahlrecht in den 1870er-Jahren noch allein auf weiter Flur – viele bürgerliche Frauenrechtlerinnen fanden ihr Anliegen unerhört. Doch Ende des 19. Jahrhunderts radikalisiert sich die Frauenbewegung zunehmend. Innerhalb des *Bundes deutscher Frauenvereine* bilden sich verschiedene Flügel heraus: ein gemäßigter (zu dem die Mehrheit der Mitglieder gehört), ein konservativ-konfessioneller (sprich: religiöser) und ein radikaler. Der konservative Flügel verbreitet nationalistische Töne, der gemäßigte Flügel setzt sich vor allem für eine höhere Bildung von Frauen sowie Gleichberechtigung in Ehe und Mutterschaft, Gesellschaft und Staat ein. Das Leitbild ist die gut ausgebildete Ehefrau und Mutter. Das Frauenwahlrecht gehört nicht zu den Hauptzielen, ganz anders beim radikalen Flügel: Dieser begreift das Frauenwahlrecht als den Schlüssel zur Befreiung der Frau. Die Meinungsverschiedenheiten sind also groß, doch der Stein kommt ins Rollen. Erst langsam, dann immer schneller.

FEMINISMUS

Um den Feminismus gab und gibt es immer viel Streit. Feministinnen gelten auch heute noch oft als hysterische Krawalltanten, als »Mannweiber« oder »Emanzen«. Viele Menschen schreckt der Begriff »Feminismus« ab und das hat vor allem damit zu tun, dass sie gar nicht genau wissen, wofür er eigentlich steht. Also, zum Mitschreiben und Merken: Feminismus ist der Glaube an die gesellschaftliche, politische und wirtschaftliche Gleichheit der Geschlechter. Gleichzeitig ist Feminismus auch eine politische Bewegung, die sich für gesellschaftliche Veränderungen einsetzt und sich dabei vor allem an den Bedürfnissen von Mädchen und Frauen orientiert. Das Ziel lautet Rechte- und Chancengleichheit, unabhängig vom Geschlecht. Feminismus bedeutet nicht, dass du Männer hassen, dein Achselhaar sprießen lassen oder Latzhosen tragen musst. Nein, Feminismus bedeutet einfach, dass du an die Gleichberechtigung der Geschlechter glaubst und im besten Fall auch bereit bist, aktiv etwas dafür zu tun.

1902 gründet Anita Augspurg zusammen mit ihrer Lebensgefährtin Lida Gustava Heymann den *Deutschen Verein für Frauenstimmrecht*, der sich bald in *Deutscher Verband für Frauenstimmrecht* (DVF) umbenennt. Er ist der erste Verband aus dem bürgerlichen Spektrum der Frauenbewegung, dessen Hauptziel das Wahlrecht für Frauen ist. Die Aktivistinnen setzen auf verschiedene Strategien: Sie verfassen Pamphlete und Artikel, verbreiten Petitionen und halten Vorträge. Außerdem engagieren sie sich als Helferinnen bei verschiedenen Wahlen – sie wollen Kandidaten unterstützen, die dem Frauenwahlrecht wohlgesonnen gegenüberstehen. Allerdings ist langfristig nur die SPD bereit, sich für das Frauenwahlrecht einzusetzen und dieses auch zu fordern. Ein großes Problem bei dieser Kampagne für das Frauenwahlrecht ist, dass verschiedene Frauen verschiedene Arten des Wahlrechts fordern. So setzt sich der *Deutsche Verband für Frauenstimmrecht* ab 1907 offiziell für ein allgemeines, demokratisches Wahlrecht auch für Männer ein. In Preußen, dem damals wichtigsten deutschen Einzelstaat, gilt nämlich ein sogenanntes Dreiklassenwahlrecht: Zwar haben Männer dort das Wahlrecht, ihre Stimmen zählen aber unterschiedlich viel. Über die Art des Wahlrechts und die damit verbundene Strategie gibt es Streit unter den Frauenrechtlerinnen: Einige wollen nur ein eingeschränktes Stimmrecht für Frauen, andere wollen das uneingeschränkte passive und aktive Wahlrecht, das heißt, sie wollen wählen und sich selber zur Wahl stellen dürfen. Einige wollen sich ganz auf den Kampf um das Frauenstimmrecht konzentrieren, andere die Kampagne ausweiten. Und der *Evangelische Frauenbund* will gar kein Frauenwahlrecht. Hilfe, ist das kompliziert!

1908 wird in ganz Deutschland ein Vereinsgesetz verabschiedet, welches das Verbot, das Frauen seit den 1850er-Jahren ein politisches Engagement in Vereinen untersagte, aufhebt: Frauen dürfen sich nun wieder frei vereinigen, versammeln und politischen Parteien beitreten. Viele Frauen nutzen ihre Chance, schließen sich einer Partei an – und müssen enttäuscht feststellen, dass sie dort nicht unbedingt mit offenen Armen empfangen werden: Viele Männer finden, dass Frauen in der Politik nichts zu suchen haben. Einige Frauenrechtlerinnen beginnen sich zu fragen, ob die bisherige Strategie – geduldige Überzeugungsarbeit, sanfter Druck und Anpassung – wirklich ans Ziel führt. In England beispielsweise kämpfen die Suffragetten (von suffrage, Wahlrecht) mit radikalen Mitteln für das Frauenwahlrecht. Jahrelang haben sie friedlich demonstriert und Petitionen verteilt, Anfang des 20. Jahrhunderts reicht es ihnen: Sie setzen Briefkästen in Brand, werfen Schaufenster ein, attackieren die Häuser von Politikern, werden verhaftet und treten in den Hungerstreik. An solch radikale Aktionen ist in Deutschland nicht zu denken, die Frauenrechtlerinnen bleiben bei ihrer Strategie: Überzeugungsarbeit leisten. Beim sozialistischen Frauenkongress 1910 in Kopenhagen wird der heute als Internationaler Frauentag bekannte »Kampftag« für das Frauenwahlrecht initiiert (er findet jährlich am 8. März statt). In vielen europäischen Ländern gehen Frauen unter dem Motto »Heraus mit dem Frauenwahlrecht!« das erste Mal wirklich auf die Straße, um für ihr Recht auf politische Mündigkeit zu demonstrieren. Hast du den 8. März schon mal bewusst wahrgenommen? Heute gibt es viele Versuche, diesen Tag zu kommerzialisieren: Blumengeschäfte und Pralinenhersteller*innen werben mit besonderen Angeboten und fordern dazu auf, »ihr« doch mal wieder eine Freude zu machen und zu gratulieren. Aber gratulieren wozu? Der Frauentag ist ja weder der Valentinstag noch der Muttertag! Er ist ein Tag, an dem daran erinnert werden soll, was alles noch schiefläuft in Sachen Gleichberechtigung. Das Gute ist: An kaum einem anderen Tag im Jahr bekommen die Themen Gleichberechtigung und Feminismus so viel Aufmerksamkeit, wird so viel darüber geredet. Außerdem gibt es deutschlandweit zahlreiche Aktionen, mit denen auf die mangelnde Gleichberechtigung hingewiesen werden soll. Wenn du Lust hast, kannst du rund um den 8. März zu Demonstrationen gehen, an Flashmobs teilnehmen, dich an Unterschriftenaktionen beteiligen, Lesungen besuchen, auf denen spannende Frauen vorgestellt werden oder sogar selbst lesen, und bei diversen Filmvorführungen Filme über Frauen, Geschlecht und Gleichberechtigung sehen. Schau einfach mal, was bei dir in der Nähe angeboten wird – oder tu dich mit anderen zusammen und organisiere selbst eine Aktion.

Auf der Zielgeraden

1914 bricht der Erste Weltkrieg aus. Viele Frauenrechtlerinnen sehen im Krieg eine Gelegenheit für die Frauenbewegung, sich zu beweisen – zu zeigen, dass Frauen genauso nützliche und wichtige Mitglieder der Gesellschaft sind wie Männer. Sie hoffen darauf, sich mit dem Einsatz an der »Heimatfront« und durch die Kriegsunterstützung ihre Staatsbürgerinnenrechte verdienen zu können.[26] Deshalb werden die Forderungen nach dem Frauenwahlrecht zu Anfang des Kriegs zurückgestellt. Stattdessen gründet sich der *Nationale Frauendienst* (NFD), in dem fast alle deutschen Frauenvereine zusammenarbeiten. Es ist das erste Mal, dass eine breite Zusammenarbeit zwischen bürgerlichen und sozialistischen Frauenvereinen stattfindet.[27] Die Aufgaben des NFD bewegen sich zwischen Fürsorge und Wohlfahrtspflege; insbesondere Frauen, deren Männer an der Front sind sowie Kriegswitwen werden unterstützt. So harmonisch das klingt: Der Krieg sorgt auch für eine

Spaltung innerhalb der Frauenbewegung. Es gibt eine kleine, pazifistische Minderheit – darunter Anita Augspurg –, die den Krieg ablehnt, ebenso wie den Hurra-Patriotismus der deutschen Bevölkerung und des NFD. Zu den Pazifistinnen gehört auch Clara Zetkin, die 1915 eine internationale sozialistische Frauenkonferenz in Bern mitorganisiert, auf der der Krieg scharf verurteilt wird. Die Frauenrechtlerinnen sind sich also mal wieder uneinig, und in Sachen Aktivismus passiert deshalb zunächst nicht viel. Doch dann schließen sich 1916 verschiedene Verbände zum *Deutschen Reichsverband für Frauenstimmrecht* zusammen, ab 1917 bringt sich auch der *Bund deutscher Frauenvereine* wieder aktiv in politische Diskussionen ein und fordert politische Rechte für Frauen. Die Novemberrevolution 1918/1919 führt zum Ende der Monarchie und zur Einführung der parlamentarischen Demokratie in Deutschland. Die Machtverhältnisse ändern sich völlig, und davon profitieren die Frauen: Am 12. November 1918 wird ein Gesetz verabschiedet, mit dem das aktive und passive Wahlrecht für alle Bürgerinnen und Bürger ab 21 Jahren eingeführt wird (erst seit 1970 darf in Deutschland ab 18 Jahren gewählt werden, eine damals durchaus kontroverse Entscheidung: Viele Bundestagsabgeordnete befürchteten, jungen Menschen fehle die »geistige Reife«, um so jung schon zu wählen ... Du merkst, jungen Menschen und Frauen traute man damals wie heute quasi nichts zu.) Das bedeutet: Die Frauenrechtlerinnen haben gewonnen! Frauen können ihr neu errungenes Recht landesweit zum ersten Mal bei der Wahl zur deutschen Nationalversammlung am 19. Januar 1919 nutzen. Und wie sie es nutzen: 82,3 Prozent der wahlberechtigten Frauen geben ihre Stimme ab, in der neugewählten verfassungsgebenden Weimarer Nationalversammlung sind 8,7 Prozent der Abgeordneten – 37 Personen – Frauen.[28] Toll finden die männlichen Politiker das nicht, sie halten ihre neuen Kolleginnen für unfähig, über wirklich »wichtige« politische Fragen zu entscheiden: Die Wirtschafts- und Finanzpolitik beispielsweise bleibt ein Männerressort – bis zum heutigen Tag. Als die Sozialdemokratin Marie Juchacz am 19. Februar 1919 als erste Frau eine Rede vor der Weimarer Nationalversammlung hält, macht sie klar: »Was diese Regierung getan hat, das war eine Selbstverständlichkeit: sie hat den Frauen gegeben, was ihnen bis dahin zu Unrecht vorenthalten worden ist.«[29]

Aus alt wird neu

Allgemein gilt die Einführung des Frauenwahlrechts 1918 als das Ende der sogenannten »alten« oder »historischen« deutschen Frauenbewegung. Durch das Frauenwahlrecht können Frauen zwar im größeren Maße am öffentlichen und politischen Leben partizipieren, trotzdem ist natürlich nicht alles Friede, Freude, Eierkuchen. Im Gegenteil. Die traditionellen Geschlechterrollen halten sich weiterhin hartnäckig, Frauen haben immer noch weniger Rechte als Männer. Die Nationalsozialist*innen entziehen den Frauen sogar das passive Wahlrecht – Frauen sollen zum Wohl der »Volksgemeinschaft« am besten ihre Rollen als Ehefrauen und Mütter erfüllen. Die Entscheidungen werden von Männern getroffen, Frauen haben kein Mitspracherecht. Nach dem Zweiten Weltkrieg macht Deutschland sich an den Wiederaufbau, auch an den demokratischen. Im 1949 verabschiedeten deutschen Grundgesetz steht in Artikel 3, Absatz 2: »Männer und Frauen sind gleichberechtigt.« Dass der Satz überhaupt in der deutschen Verfassung steht, dafür sind vier Frauen verantwortlich: Frieda Nadig (SPD), Elisabeth Selbert (SPD), Helene Weber (CDU) und Helene Wessel (Zentrumspartei). Diese sogenannten »Mütter des Grundgesetzes« sind als einzige Frauen direkt an der Entstehung der neuen Verfassung beteiligt und setzen sich dafür ein, dass die Rechte von Frauen dort einen Platz finden. Eine aktive Frauenbewegung gibt es zu dieser Zeit nicht mehr: Während des Krieges haben zahlreiche bekannte Frauenrechtlerinnen Deutschland verlassen, um ins Exil zu gehen. Nach dem Krieg steht der Wiederaufbau an erster Stelle. In Westdeutschland wächst eine neue Generation von Mädchen und jungen Frauen in einer Zeit politischer Stabilität und relativem wirtschaftlichen Wohlstand auf (im sozialistisch regierten Ostdeutschland, der DDR, ist die Situation aufgrund des politischen, wirtschaftlichen und gesellschaftlichen Systems eine andere). Die wirtschaftliche Situation führt dazu, dass immer mehr Mittelschichtsfamilien ihren Kindern eine gute Ausbildung ermöglichen können. Der Dienstleistungssektor wächst, es besteht Bedarf an qualifizierten Arbeitskräften – gut ausgebildete Frauen werden gebraucht. Außerdem entstehen vermehrt Teilzeitarbeitsstellen, die Frauen (vor allem Müttern) den Einstieg ins Erwerbsleben erleichtern. Die Folge: Viele Frauen verdienen zum ersten Mal eigenes Geld und erleben, was finanzielle Unabhängigkeit bedeutet. Wenn du selbst jobbst, dann weißt du: das ist ein großartiges Gefühl! Ein gesellschaftlicher und mentaler Wandel setzt ein: Frauen haben während des Krieges typische »Männerarbeiten« übernommen, weil die Männer als Soldaten an der Front kämpften. Nach Ende des Krieges wird dann von Frauen die Rückkehr an den Herd verlangt. Husch, husch, zurück ins passende Rollenmodell! Weibliche Berufstätigkeit existiert zwar, gilt aber als unerhört und wird misstrauisch beäugt. Die Gesellschaft verändert sich, gleichzeitig wird auf alten Geschlechterrollen beharrt. Kein Wunder, dass das nicht zusammenpasst – irgendwann muss es zum Knall kommen. Und dieser Knall kommt in den 1960er-Jahren, als sich erneut eine schlagkräftige Frauenbewegung bildet.

Neben dem gesellschaftlichen und mentalen Wandel in Westdeutschland ist der konkrete Auslöser für die Entstehung einer neuen Frauenbewegung die Revolte von 1968: Studierende kritisieren die Verhältnisse in der Bundesrepublik, fordern eine bessere Aufarbeitung der nationalsozialistischen Vergangenheit und sind dabei emanzipatorisch und antiautoritär eingestellt. Sie rebellieren gegen ihre Elterngeneration, gegen den bundesdeutschen Mief, gegen den Konservatismus, und agieren antikapitalistisch und sozialistisch. Doch wie schon bei anderen Revolutionen vergisst man(n) auch diesmal die Frauen: Sie haben einfach nichts zu sagen. Die französische Schriftstellerin und Philosophin Simone de Beauvoir, die mit der Bewegung in Frankreich Ähnliches erlebt, stellt genervt fest: »In diesen pseudorevolutionären Gruppen waren die Frauen auch nichts als Tippsen, die Kaffee kochen durften.«[30] Viele Frauen fühlen sich vom Verhalten ihrer Mitstreiter abgestoßen und hadern mit den männlichen Machtstrukturen in der Protestbewegung. Auch die Studentin Helke Sander ist unzufrieden: Sie gehört dem *Aktionsrat zur Vorbereitung der Befreiung der Frauen an* und hält im September 1968 auf einer Versammlung des *Sozialistischen Deutschen Studentenbundes* (SDS) eine Rede. Der SDS gibt sich gerne revolutionär und progressiv – für das Anliegen Sanders, die Emanzipation der Frau, interessieren sich die anwesenden Herren aber nicht besonders. Was sie von dieser Einstellung hält, macht Sander in ihrer Ansprache deutlich: »Genossen, wenn ihr zu dieser Diskussion, die inhaltlich geführt werden muss, nicht bereit seid, dann müssen wir allerdings feststellen, dass der SDS nichts weiter ist als ein aufgeblasener, konterrevolutionärer Hefeteig.«[31] Die Genossen geben sich unbeeindruckt und gehen einfach zum nächsten Punkt der Tagesordnung über. Da reicht es der schwangeren Sigrid Rüger endgültig: Sie springt auf und wirft mehrere Tomaten auf das Podium – eine davon trifft den SDS-Vorsitzenden Hans-Jürgen Krahl. »Konterrevolutionär... Agent des Klassenfeindes!«, ruft Rüger wütend. Die Frauen haben keine Lust mehr, sich von Männern vorschreiben zu lassen, wie Revolution angeblich funktioniert, sie wollen sich nicht länger den männlichen Strukturen der Bewegung anpassen und sich anhören müssen, dass die Emanzipation der Frau einfach nicht so wichtig ist wie andere Themen. Also starten sie kurz entschlossen ihre eigene Revolution, in Deutschland, in Frankreich, und auch in anderen europäischen Ländern sowie den USA.

Während die »alte« Frauenbewegung vor dem Zweiten Weltkrieg noch für Staatsbürgerinnenrechte kämpfte, geht es der »neuen« Frauenbewegung um Freiheit und individuelle Rechte: das Recht auf Abtreibung (schon in den 1920er-Jahren ein Kampfthema) und Selbstbestimmung – gerade im Bereich der Sexualität. Aber auch die freie Berufswahl, gesetzliche Gleichstellung und Quotierung der Parteien stehen auf der Agenda. Frauen beginnen, sich zu organisieren, gründen selbstverwaltete Kinderläden, Gesprächsgruppen oder Treffpunkte für Frauen. Vielen Frauen wird zum ersten Mal bewusst, dass ihre privaten Probleme gar nicht so individuell sind wie gedacht und es sich dabei nicht um Einzelschicksale handelt. Sinnbildlich dafür ist der Slogan »Das Private ist politisch«, geprägt von der US-amerikanischen Feministin Kate Millet. Er macht deutlich, wie wichtig private Erfahrungen und Probleme von Sexualität hin bis zu Gewalt sind, welche gesellschaftliche Relevanz sie haben können und dass ihre Ursachen oft auf gesellschaftlicher Ebene zu suchen sind. Der Slogan ist eine Aufforderung, sich nicht vereinzeln zu lassen: Persönliche Erlebnisse, denen du vielleicht gar keinen besonderen Wert beimisst, könnten tatsächlich Teil eines größeren gesellschaftlichen Musters und damit viel mehr als nur »Einzelfälle« sein. Und wenn du erst einmal den Blick für Ungerechtigkeiten im persönlichen Umfeld geschärft hast, dann fallen dir auch auf gesellschaftlicher Ebene Ungleichheiten auf. In den 1970er-Jahren stellt der der Slogan vor allem eine Kritik an der Trennung von Öffentlichkeit und Privatheit dar, durch die Frauen als Hausfrauen und Mütter dem privaten Bereich zugeordnet werden – ja, immer noch! Frauen sind einerseits weit gekommen, andererseits bleiben einige Themen und Probleme seit dem 19. Jahrhundert bestehen.

Die Frauenbewegung steht nie still, sondern entwickelt sich immer weiter. Die verschiedenen Generationen der Frauenbewegung setzen unterschiedliche Schwerpunkte und haben jeweils ihre eigene Art, bestimmte Themen zu diskutieren und in die Öffentlichkeit zu bringen. In den 1990er-Jahren zum Beispiel beschäftigt sich der Feminismus ausgiebig mit Phänomenen der Popkultur. Besonders Musik spielt eine wichtige Rolle: Die in der (vor allem amerikanischen) Hardcore-Punk-Szene aktiven »Riot Grrrls« lassen sich nicht länger von Männern vorschreiben, wie sie Musik zu machen und worüber sie zu singen haben. Zahlreiche All Girl-Bands gründen sich und beweisen den männlichen Kollegen, dass sie mindestens genauso gut rocken wie diese, gemäß dem Motto: »Revolution Girl Style Now!« Was zeigt: auch Musikinstrumente können Waffen im Kampf um mehr Gleichberechtigung sein. Neben der Popkultur gibt es auch andere Themen, die Feministinnen in den 1990er-Jahren beschäftigen: LGBTI-Themen, kulturelle Identitäten, Geschlechtlichkeit, Sexualität sowie die rechtliche Gleichstellung von Männern und Frauen. Themen, die heute genauso aktuell sind und denen du immer wieder begegnest, wenn du dich mit Feminismus und Gleichberechtigung beschäftigst.

Und heute so

Natürlich endet die Geschichte der Frauenbewegung nicht in den 1990er-Jahren. Schließlich gibt es immer noch jede Menge zu tun, viele Ungerechtigkeiten und haufenweise Benachteiligungen von Frauen! Vielleicht hast du die letzten Seiten gelesen und denkst: »Ernsthaft? Im Vergleich zu früher geht es Frauen heute doch gut!« Das stimmt irgendwie – und irgendwie auch nicht. Klar, früher hatten Frauen in Deutschland noch nicht einmal grundlegende Staatsbürgerinnenrechte und mussten sich außerdem ständig von Männern anhören, dass sie aufgrund ihrer Gebärmutter leider nicht zu logischem Denken fähig wären (das passiert heute auch noch). Aber in manchen Bereichen hat sich trotzdem erstaunlich wenig getan, vieles liegt noch im Argen. Nehmen wir doch mal die politische Partizipation und Repräsentation, für die Louise Otto-Peters, Clara Zetkin und andere so hartnäckig gekämpft haben.

Dass in Deutschland eine Frau Bundeskanzlerin werden kann, gilt oft als Beweis dafür, dass hier in Sachen Gleichberechtigung alles super läuft. Für den Bereich Politik stimmt das aber nicht unbedingt. Frauen waren 2017 in allen im Bundestag vertretenen Parteien unterrepräsentiert: In der CDU betrug der Frauenanteil 26 Prozent, in der SPD 21 Prozent, bei der Linken 37 Prozent, bei den Grünen 39 Prozent, in der CSU 20 Prozent[32], in der FDP 23 Prozent[33] und in der AfD nur circa 15 Prozent[34]. Frauen haben also nicht im gleichen Maße wie Männer die Möglichkeit, Politik zu gestalten. Dass ihre Gestaltungsmacht und Sichtbarkeit geringer ist, zeigt sich auch im 2017 neu gewählten Bundestag: Der Frauenanteil dort beträgt gerade einmal 30,7 Prozent; damit ist er so niedrig wie zuletzt vor 19 Jahren.[35] Bisher gab es in Deutschland außerdem noch keine Finanzministerin, Außenministerin oder Bundespräsidentin – es gibt sie eben immer noch, die typischen Männerressorts.

Und dass Frauen überhaupt wählen und sich zur Wahl stellen dürfen, ist auch nicht so selbstverständlich, wie man meinen könnte: Hans Mohrmann, damaliger Kandidat der Alternative für Deutschland (AfD) für das Amt des Darmstädter Oberbürgermeisters, verkündete

2016 auf Twitter »Warum ich für die Wiederabschaffung des Frauenwahlrechts bin«.[36] Willkommen im 21. Jahrhundert!

Junge Frauen im heutigen Deutschland (dazu gehörst du) und in anderen westlichen Ländern sind mit den Errungenschaften der Frauenbewegung aufgewachsen, vieles erscheint ihnen selbstverständlich. Sie müssen die ganz großen Kämpfe, wie den um das Wahlrecht, nicht mehr führen. Das ist toll, doch so gerät leicht in Vergessenheit, dass die Rechte, die sie haben, alles andere als selbstverständlich sind, und dass es durchaus noch viele Ungerechtigkeiten auf persönlicher und gesellschaftlicher Ebene gibt – auch heute kämpfen Mädchen und Frauen weiter für ihre (Bürgerinnen-) Rechte. Im Januar 2017 demonstrierten weltweit Millionen Menschen auf dem sogenannten »Women's March« für Frauenrechte und soziale Gerechtigkeit; nur einen Tag nach der Amtseinführung des neuen US-Präsidenten Donald Trump, dessen Meinung über Frauen lautet: »Grab them by the pussy« (Greif ihnen zwischen die Beine). Unter dem Hashtag *#MeToo* teilten Millionen Frauen weltweit ihre Erfahrungen mit sexualisierter Gewalt und Belästigung. Eine Sache, die sich seit dem Kampf um das Wahlrecht definitiv verändert hat: Die feministische Bewegung ist heute vor allem online aktiv. Sie vernetzt sich über soziale Netzwerke, Blogs und Online-Magazine. Etwas hat sich aber seit damals nicht verändert: Es gibt immer noch vieles, für das es sich zu kämpfen lohnt. Ein wenig Inspiration gefällig? Dann auf zum nächsten Kapitel.

Zahlen zur Ungleichberechtigung

DOPPELBELASTUNG: Frauen in Deutschland verbringen 60 Prozent mehr Zeit mit unbezahlter Hausarbeit als Männer – auch, wenn sie selbst erwerbstätig sind.[37]

LOHNUNGLEICHHEIT: Die Lohnlücke zwischen den Geschlechtern, der sogenannte »Gender Pay Gap«, beträgt 21 Prozent. Das ist die unbereinigte Lohnlücke – das heißt, hier werden die Angaben von allen Beschäftigten eingerechnet, ob teil- oder vollzeitbeschäftigt, sowie die von geringfügig Beschäftigten, Azubis und Praktikant*innen. Die bereinigte Gender Pay Gap hingegen rechnet nur Angaben von Menschen mit ein, die über vergleichbare Eigenschaften verfügen. Dadurch bleibt zwischen den Bruttolöhnen von Männern und Frauen eine Differenz von rund 6 Prozent.

SEXUALISIERTE GEWALT: 35 Prozent der deutschen Frauen haben seit ihrem 15. Lebensjahr körperliche und/oder sexualisierte Gewalt durch einen Partner, eine Partnerin oder eine andere Person erfahren. 60 Prozent der Frauen haben mindestens eine Form der sexuellen Belästigung erfahren.[38] Weltweit erlebt eins von zehn Mädchen unter 20 Jahren sexualisierte Gewalt, das sind 120 Millionen Mädchen.[39]

KINDEREHEN: Weltweit wurden fast 750 Millionen Mädchen und Frauen vor ihrem 18. Geburtstag verheiratet.[40]

GENITALVERSTÜMMLUNG: Mindestens 200 Millionen Mädchen und Frauen weltweit wurden verstümmelt, häufig vor ihrem 5. Lebensjahr.[41]

MENSCHENHANDEL: Weltweit sind 51 Prozent der Opfer von Menschenhandel Frauen. Beim Menschenhandel mit Kindern sind drei von vier Opfern Mädchen.[42]

BILDUNG: Etwa 750 Millionen Menschen weltweit sind Analphabeten, können also gar nicht oder nur schlecht lesen und schreiben – fast zwei Drittel davon sind Mädchen und Frauen.[43]

EMMELINE PANKHURST
(1858–1928)

★ **NATIONALITÄT:**
 britisch

★ **BERUF:**
Suffragette – eine Frau, die für das Frauenwahlrecht kämpft.

★ **BESONDERE VERDIENSTE:**
Unbeugsam kämpften Emmeline und andere Suffragetten in der von ihr gegründeten Vereinigung *Women's Social and Political Union* für das Frauenwahlrecht. Ihre Methoden – darunter das Einwerfen von Scheiben oder das Anzünden von Briefkästen – waren radikal. Vielen waren sie zu radikal. Aber: Die Suffragetten hatten vorher jahrelang friedlich für ihr Anliegen geworben. Es blieb ihnen gar nichts anderes übrig, als zu härteren Mitteln zu greifen.

★ **NOCH ETWAS, DAS MAN ÜBER EMMELINE WISSEN MUSS:**
Ihre beiden ältesten Töchter Christabel und Sylvia waren ebenfalls aktive Suffragetten. Sie wurden mehrfach festgenommen und ins Gefängnis geworfen. Viele inhaftierte Suffragetten traten in den Hungerstreik – und wurden dann brutal zwangsernährt.

★ **EMMELINE IN DREI WORTEN:**
Unbeugsam, kämpferisch, sturköpfig.

★ **IHR RAT AN JUNGE FRAUEN HEUTE:**
»Taten statt Worte.«

HEDWIG DOHM
(1831–1909)

★ **NATIONALITÄT:**
deutsch

★ **BERUF:**
Schriftstellerin und Frauenrechtlerin, die sich für die rechtliche, gesellschaftliche und wirtschaftliche Gleichberechtigung der Geschlechter einsetzte.

★ **BESONDERE VERDIENSTE:**
Trotz miserabler Schulbildung machte Hedwig etwas aus sich: Sie las sich ein enormes Wissen an und lernte verschiedene Fremdsprachen. Und das alles neben ihrer Tätigkeit als Ehefrau und Mutter.

★ **NOCH ETWAS, DAS MAN ÜBER HEDWIG WISSEN MUSS:**
Sie schrieb politische Essays, aber auch Romane und wissenschaftliche Texte. Antifeministische Meinungen widerlegte sie gern mit Ironie und bestechender Logik. Früher als andere schrieb sie darüber, dass die angeblich angeborenen Eigenschaften von Männern und Frauen vielmehr Ergebnis ihrer jeweiligen Lebensumstände sind. Außerdem betrieb Hedwig einen Salon: Regelmäßig verkehrte in ihrem Haus die geistige Elite Berlins.

★ **HEDWIG IN DREI WORTEN:**
Humorvoll, scharfsinnig, modern.

★ **IHR RAT AN JUNGE FRAUEN HEUTE:**
»Glaube nicht, es muß so sein, weil es so ist und immer war. Unmöglichkeiten sind Ausflüchte steriler Gehirne. Schaffe Möglichkeiten.«

OLYMPE DE GOUGES
(1748-1793)

★ **NATIONALITÄT:**
französisch

★ **BERUF:**
Schriftstellerin, Dramatikerin und Frauenrechtlerin. Ihre Geg-
ner*innen behaupteten, sie sei eine unmoralische Kurtisane, die
ihre Schriften gar nicht selbst verfasste. Stimmte aber nicht.

★ **BESONDERE VERDIENSTE:**
Olympe setzte sich mit gesellschafts- und sozialpolitischen Themen auseinander. Aus Olympes Feder stammte die *Erklärung der
Rechte der Frau und Bürgerin* von 1791. In der neuen französischen
Verfassung wurden nämlich nur den Männern Rechte zugespro-
chen. Olympe forderte für Frauen u. a. auch das aktive und passive Wahlrecht. 1793 wurde sie durch die Guillotine enthauptet.

★ **NOCH ETWAS, DAS MAN ÜBER OLYMPE WISSEN MUSS:**
Als Frau aus der Provinz musste sie in Paris erst einmal lernen,
richtig Französisch zu sprechen. Sie übte sich in Konversation, las,
ging ins Theater und besuchte Salons. Nicht nur in Sachen Frauenrechte war Olympe revolutionär: Sie kritisierte auch die Sklaverei
und schrieb ein kontroverses Theaterstück über diese Thematik.

★ **OLYMPE IN DREI WORTEN:**
Selbstbewusst, wortgewandt, revolutionär.

★ **IHR RAT AN JUNGE FRAUEN HEUTE:**
Lass dir nicht den Mund verbieten und hab stets gute Argumente
parat, um für deine Sache zu werben!

QIU JIN
(1875–1907)

★ **NATIONALITÄT:**
chinesisch

★ **BERUF:**
Schriftstellerin, Frauenrechtlerin und Revolutionärin.

★ **BESONDERE VERDIENSTE:**
Qiu Jin setzte sich sowohl für die Befreiung der Frauen ein, als auch für die Befreiung ihres Landes von der Qing-Dynastie. Sie war davon überzeugt, dass China sich modernisieren und zu einer konstitutionellen Monarchie mit Parlament werden müsse. Qiu Jin studierte in Japan, weil dort die Lebens- und Bildungsmöglichkeiten deutlich besser waren. Sie schloss sich verschiedenen Student*innenverbindungen an und gründete eine revolutionäre Gruppe nur für Frauen: die *Gongaihui*. Ihr Ziel war es, Frauen darin auszubilden, nationale Verantwortung zu übernehmen und zu aktiven Bürgerinnen zu werden.

★ **NOCH ETWAS, DAS MAN ÜBER QIU JIN WISSEN MUSS:**
Schon als Mädchen lernte Qiu Jin Reiten, Hoch- und Weitsprung sowie Stock- und Schwertkampf. Außerdem schrieb sie den Roman *Die Steine des Vogels Jingwei*, in dem es um Frauenfreundschaft und Unabhängigkeit geht.

★ **QUI JIN IN DREI WORTEN:**
Ritterin vom Spiegelsee – ihr Pseudonym.

★ **IHR RAT AN JUNGE FRAUEN HEUTE:**
Auch du hast das Potenzial zur Revolutionärin.

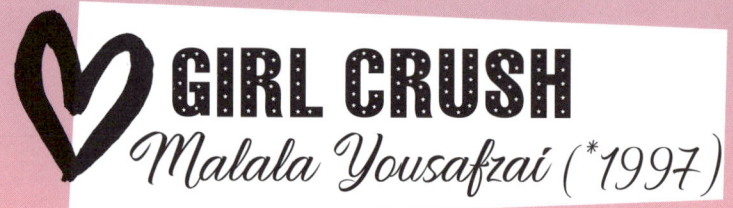

GIRL CRUSH
Malala Yousafzai (*1997)

Diese junge Frau hat schon so viel durchgemacht, dass es für den Rest ihres Lebens reicht: Im Oktober 2012 wurde der damals 15-jährigen Malala Yousafzai in einem Bus von einem Taliban-Kämpfer in den Kopf geschossen.

Warum? Weil sie sich für das Recht von pakistanischen Mädchen auf Bildung einsetzte und weil sie seit 2009 – zuerst anonym – für den Sender BBC über ihr Leben im von den Taliban kontrollierten Swat-Tal im nordwestlichen Pakistan bloggte. Die Taliban sind eine terroristische Organisation, die im Namen des Islam Verbrechen begeht. Im Swat-Tal verbot sie Fernsehen und Musik, Mädchen durften nicht mehr zur Schule und Frauen nicht mehr einkaufen gehen. Malala trat, unterstützt von ihrem Vater, im Fernsehen auf, wurde interviewt und forderte immer wieder das Recht auf weibliche Bildung. Den Taliban passte Malalas Bekanntheit und ihre Furchtlosigkeit natürlich nicht – und so wurde beschlossen, das Mädchen zu ermorden.

Malala überlebte, und die weltweite Empörung über das Attentat war groß. Die junge Pakistani erholte sich und nahm ihren Kampf wieder auf. An ihrem 16. Geburtstag sprach sie 2013 vor der Versammlung der Vereinten Nationen: »Also lasst uns einen weltweiten Kampf wagen, gegen Analphabetismus, Armut und Terrorismus, lasst uns unsere Bücher und Stifte holen, sie sind unsere stärksten Waffen.«[47]

2014 erhielt Malala den Friedensnobelpreis – als jüngste Preisträgerin jemals. Zeit, sich ein wenig zurückzulehnen und zu verschnaufen? Nicht für Malala. Sie ist ständig im Einsatz: Wenn sie nicht gerade an der britischen Oxford-Universität studiert, versucht sie weiterhin, die Welt für Mädchen ein wenig gerechter zu machen.

GIRL CRUSH
Rowan Blanchard (*2001)

Rowan Blanchard hat nicht nur einen tollen Job – sie war Star der Serie *Girl meets World* – sondern besitzt auch beste Verbindungen in die Fashion-Welt, sprich, Zugang zu tollen Klamotten. Es wäre leicht, Rowan in die Schublade »erfolgreich und modebesessen« zu packen und davon auszugehen, dass sie sich für nichts anderes als Klamotten interessiert. Von wegen! Ja, Rowan mag Mode, aber sie mag auch Feminismus und soziale Gerechtigkeit: »Ich interessiere mich für Style, und ich interessiere mich für die Welt und meinen Platz darin – und diese Dinge schließen sich nicht gegenseitig aus.«[48]

Die sozialen Medien nutzt Rowan unter anderem, um über häusliche Gewalt, Waffengewalt, die Rechte von Afroamerikaner*innen (#BlackLivesMatter), psychische Krankheiten und LGBTI-Themen zu schreiben. Sie selbst identifiziert sich als queer: »Ich persönlich will mich nicht als heterosexuell, homosexuell oder was auch immer labeln.«[49] Schon mit 13 schrieb Rowan einen mehrteiligen feministischen Essay, den sie auf Instagram postete – er ging viral, wurde tausende Male geteilt und kommentiert.

Wenn ihr etwas wichtig ist, macht Rowan den Mund auf, und ist dabei immer offen und ehrlich. Sie gibt nie vor, schon alles zu wissen oder es besser zu wissen als andere. Stattdessen ist sie bereit, zu lernen und gibt zu, oft unsicher zu sein.

Doch Rowan konzentriert ihren Aktivismus nicht nur auf das Internet: Im Januar 2017 beispielsweise demonstrierte sie auf dem »Women's March« in Los Angeles für Gleichberechtigung.

ERRUNGENSCHAFTEN DER FRAUENBEWEGUNG IN DEUTSCHLAND

1901 Baden wird zum ersten deutschen Land, in dem Mädchen **höhere Schulen** besuchen und sich an **Hochschulen** unter den gleichen Bedingungen wie Männer immatrikulieren können

1908 Frauen werden zu **politischen Vereinen** zugelassen

1911 In Deutschland wird zum ersten Mal der **»Internationale Frauentag«** gefeiert

1918 Frauen erhalten das **aktive und passive Wahlrecht**

1949 Das **Grundgesetz** der Bundesrepublik Deutschland tritt in Kraft. In Artikel 3 Absatz 2 Satz 1 steht: »Männer und Frauen sind gleichberechtigt.«

1961 Elisabeth Schwarzhaupt (CDU) wird als erste Frau **Bundesministerin**: Sie ist für das Gesundheits-Ressort zuständig

1961 Die **Anti-Baby-Pille** kommt auf den Markt

1972 Annemarie Renger (SPD) wird als erste Frau zur **Präsidentin des deutschen Bundestages** berufen

1976 Reform des Abtreibungsparagrafen: **Schwangerschaftsabbrüche** sind nicht mehr grundsätzlich strafbar, es gibt Ausnahmeregelungen

1977 Die vorgeschriebene **Aufgabenteilung in der Ehe wird aufgehoben**: Frauen müssen ihren Ehepartner nicht mehr um Erlaubnis fragen, wenn sie einer Erwerbstätigkeit nachgehen wollen

1980 Die Bundesregierung unterzeichnet bei der Weltfrauenkonferenz der Vereinten Nationen in Kopenhagen das **Übereinkommen zur Beseitigung jeder Form von Diskriminierung der Frau**

1993 Heide Simonis (SPD) wird in Schleswig-Holstein als erste Frau **Ministerpräsidentin** eines Bundeslandes

1994 Das **Gleichberechtigungsgebot** in Artikel 3 Absatz 2 des Grundgesetzes wird ergänzt: „Der Staat fördert die tatsächliche Durchsetzung der Gleichberechtigung von Frauen und Männern und wirkt auf die Beseitigung bestehender Nachteile hin.«

1997 Der neugefasste § 177 Strafgesetzbuch tritt in Kraft: **Vergewaltigung in der Ehe** ist nun **strafbar**

2001 **Gesetz zur Elternzeit:** Väter und Mütter können ihre Kinder in den ersten drei Jahren gemeinsam erziehen und betreuen

2005 Angela Merkel (CDU) wird erste deutsche **Bundeskanzlerin**

2016 Das **Gesetz für die gleichberechtigte Teilhabe von Frauen und Männern an Führungspositionen** tritt in Kraft: Es verpflichtet bestimmte Großunternehmen, Aufsichtsräte mit mindestens 30 Prozent Frauen zu besetzen

2017 **Reform des Sexualstrafrechts**: Bisher konnte ein Täter nur belangt werden, wenn Gewalt angedroht oder angewendet wurde, oder das Opfer schutzlos war. Nun gilt der Grundsatz »Nein heißt Nein« – es macht sich strafbar, wer »gegen den erkennbaren Willen einer anderen Person sexuelle Handlungen« vollzieht.

TEIL IV

AUGEN AUF FÜR KLEINE UND GROSSE UNGERECHTIGKEITEN

Augen auf für kleine und grosse Ungerechtigkeiten

Manchmal sind wir sprichwörtlich blind – selbst wenn wir eine Brille tragen! Weil wir bestimmte Dinge nicht erkennen, oder sie schlicht nicht sehen wollen. Das ist zum Beispiel beim Thema Privilegien der Fall. Der Begriff »Privileg« bedeutet so viel wie »Vorrecht« und Vorrechte haben die meisten von uns: Vielleicht, weil wir eine weiße Haut haben, heterosexuell und gebildet sind oder gut aussehen. Oft sind uns diese Privilegien nicht bewusst, wir nehmen sie als selbstverständlich wahr. So kann es passieren, dass wir die Bedürfnisse und Positionen anderer, weniger privilegierter Menschen, gar nicht wahrnehmen oder anerkennen.

CHECK YOUR PRIVILEGE!

Denk mal drüber nach: Welche Privilegien hast du? Was sind deine Vorrechte? Dass du Privilegien hast, bedeutet nicht automatisch, dass du ein schlechter Mensch, arrogant und ignorant bist. Es bedeutet, dass du anderen gegenüber gewisse Vorteile hast und so die Welt aus einer privilegierten Position betrachtest. Sich das einzugestehen ist schon ein wichtiger Schritt, um viele Dinge überhaupt erst einmal wahrzunehmen.

Auch unsere Vorurteile sind uns oft nicht bewusst. Ich zum Beispiel blicke ziemlich unversöhnlich auf Menschen herab, die Crocs oder Ugg-Boots tragen ... kein netter Charakterzug, ich weiß. Frag dich mal, welche Vorurteile du gegenüber anderen hast. Vielleicht unterstellst du deiner dicken Mitschülerin, sie könne sich beim Essen nicht zurückhalten. Vielleicht glaubst du, alle Jungs sind aggressiv und blöd, weil der Typ aus deinem Handballverein dich ständig angreift. Vielleicht bist du davon überzeugt, dass Rosenkohl grundsätzlich grässlich schmeckt, weil du einmal ein Rosenkohlgericht gegessen hast, das du eklig fandest. Statt stur an deinen Vorurteilen festzuhalten, solltest du dir selbst die Chance geben, deine Meinung zu ändern – oder dir überhaupt erst einmal eine eigene Meinung zu bilden. Oft übernehmen wir Vorurteile nämlich einfach von anderen, ohne einer Situation oder Person offen zu begegnen. Vorurteile sind im wahrsten Sinne des Wortes Urteile – und die können wirklichen Schaden anrichten und im schlimmsten Fall zu handfester Diskriminierung führen. Diskriminierung bedeutet, dass einzelne Personen oder Gruppen benachteiligt und/oder herabgewürdigt werden, und zwar aufgrund bestimmter Wertvorstellungen, (unbewusster) Einstellungen und, genau, auch aufgrund von Vorurteilen.

Rassismus: das vermeintlich »Fremde«

Eine Form der Diskriminierung ist Rassismus: Der Begriff bezeichnet die Diskriminierung von Menschen aufgrund äußerlicher Merkmale, meistens der Hautfarbe. Diese Merkmale werden als Zugehörigkeit zu einer sogenannten »Rasse« begriffen und bestimmen angeblich, welche Fähigkeiten und Eigenschaften ein Mensch hat. Der Begriff »Rasse« ist generell problematisch, besonders in Deutschland, weil die Nationalsozialisten ihn missbrauchten und die Ermordung von Millionen Menschen u. a. damit zu legitimieren versuchten. Mit dem Begriff ist eine Wertigkeit verbunden: Weiße Haut beispielsweise gilt als höherwertig als andere Hautfarben. Rassist*innen diskriminieren Menschen, die eine andere Hautfarbe und andere Bräuche haben oder eine andere Sprache sprechen. Ihr Verhalten rechtfertigen sie mit kruden Theorien, laut denen bestimmte »Rassen« anderen unter- bzw. überlegen sind. In den USA zum Beispiel wurden Afroamerikaner*innen jahrhundertelang von weißen Amerikaner*innen versklavt, sie galten schlicht als Menschen zweiter Klasse und schufteten unter oft unmenschlichen und brutalen Bedingungen auf Tabakfeldern und Baumwollplantagen. Damit einher ging eine klare »Rassentrennung« im Süden der USA: Ob in Schulen, Krankenhäusern oder Bussen, überall gab es die Trennung in Schwarz und Weiß. Afroamerikaner*innen durften nicht einmal aus öffentlichen Wasserspendern trinken und auf der Parkbank neben Weißen sitzen. Rassismus kann aber auch subtiler sein: Wie oft hast du schon jemanden sagen hören, dass »die Polen« bekannt dafür seien, dass sie klauen? Dass »die Südländer« faul seien? Hinzu kommen abwertende und rassistische Begriffe wie »Neger« oder »Polacke«. Rassismus findet jeden Tag direkt vor unserer Nase statt: Flüchtlingsunterkünfte werden in Brand gesetzt, kopftuchtragende Frauen auf der Straße bedroht und im Internet wird in Kommentarspalten, auf Webseiten und in Foren gegen alles vermeintlich »Fremde« gehetzt sowie vor vermeintlicher »Überfremdung« gewarnt. Rassismus zeigt sich aber auch im Berufsleben: Da bekommt eine Schülerin den Ausbildungsplatz nicht, weil sie einen arabisch klingenden Nachnamen hat. Rassismus zeigt sich ebenso in Stereotypen: In der deutschen Film- und Fernsehlandschaft beispielsweise bekamen türkischstämmige Schauspieler*innen lange keine anderen Rollen als die der türkischen Putzfrau, des türkischen Dönerbudenbesitzers. Das hat sich in den letzten Jahren ein wenig geändert, trotzdem sind Film und Fernsehen weniger divers als die aktuelle Bevölkerungszusammensetzung Deutschlands.

Rassismus hat auch mit Sichtbarkeit zu tun, beziehungsweise mit Unsichtbarkeit: Manche Menschen und Bevölkerungsgruppen erfahren einfach keine Darstellung, ob in den Medien, in der Politik oder der Öffentlichkeit. Wenn es um die Bekämpfung von Rassismus geht, ist das Aufzeigen rassistischer Strukturen deshalb ein wichtiger Schritt. Es schafft ein Bewusstsein für ein Problem. Wenn du selbst etwas gegen Rassismus tun willst, mach dir erstmal deine eigene Position klar – die hängt davon ab, ob du von Rassismus betroffen bist oder jemand anderer. Geht es zum Beispiel um eine Mitschülerin, frag sie am besten direkt, wie du sie unterstützen kannst: Will sie überhaupt Unterstützung? Und wenn ja, was braucht sie von dir? Bist du selbst von Rassismus betroffen, suche dir Mitstreiter*innen. Frag deine Freund*innen, wende dich an eine Organisation oder schließe dich einer Hashtag-Kampagne wie *#schauhin* gegen Alltagsrassismus an. Auch in der Schule gibt es Möglichkeiten, etwas zu tun: Indem du zum Beispiel eine Veranstaltung zu dem Thema organisierst, ein Referat

★ DIY ★

EINE PROTESTAKTION ORGANISIEREN

DU BIST UNZUFRIEDEN UND WILLST AUF EIN PROBLEM AUFMERKSAM MACHEN? DANN ORGANISIERE DOCH EINEN PROTEST! SO KLAPPT'S:

1. Such dir Mitstreiter*innen: Zusammen seid ihr stark!

2. Setzt euch ein Ziel: Wogegen oder wofür protestiert ihr? Was wollt ihr erreichen? Macht euch eure Absicht bewusst.

3. Wählt die Art des Protests und den Austragungsort: Wollt ihr Plakate schwenken? Ein Geschäft boykottieren? Eine Mahnwache halten? Von der Art eures Protests hängt auch der Austragungsort ab – der kann praktisch, symbolisch oder bequem sein. Oder alles zusammen.

4. Genehmigungen besorgen: Erkundigt euch bei der Stadtverwaltung, ob am Austragungsort eine Genehmigung benötigt wird. Wenn ja, besorgt sie. Ihr wollt doch nicht, dass euer Protest illegal ist und aufgelöst wird (es sei denn, ihr wollt genau das erreichen).

5. Plant das Programm: Wie soll der Protest ablaufen? Womit fangt ihr an? Wird es Reden geben? Moderator*innen? Musik?

6. Macht den Protest öffentlich: Informiert die lokalen Medien, kündigt den Protest im Internet an, verteilt Flyer, und so weiter.

7. Bereitet Protestmaterial vor: Dazu gehören Plakate, Flugblätter und Ähnliches, die während des Protests an Interessierte verteilt werden können.

8. Seid gut ausgerüstet: Ihr wollt ja lange durchhalten, also sorgt für Wasser und Essen. Außerdem solltet ihr eine Kopie der Protestgenehmigung und eure Ausweise dabeihaben, für alle Fälle.

9. Bleibt friedlich: Gewalt ist keine Lösung. Überlegt euch lieber ein paar gute Argumente, mit denen ihr Kritiker*innen begegnen könnt.

hältst oder auf dem nächsten Schulfest Spenden für eine antirassistische Hilfsorganisation sammelst. Hauptsache, du sprichst über das Thema – und machst Rassismus sichtbar.

Sexismus: es geht um Macht

Weiter geht es mit der nächsten, leider nur zu alltäglichen Diskriminierungsform: Sexismus bedeutet Diskriminierung aufgrund des Geschlechts. Er schreibt Männern und Frauen aufgrund ihrer (angeblichen) biologischen Unterschiede bestimmte Verhaltensweisen und Fähigkeiten zu. Traditionelle Rollenbilder, Umgangsweisen und ungleiche gesellschaftliche Bedingungen werden als gegeben angesehen. Das kann sich in Form von Witzen oder abwertenden Sprüchen äußern, aber auch in körperlicher Gewalt und gesellschaftlicher Ungleichheit. Sexismus reduziert Einzelpersonen auf biologische Faktoren. Jede macht ihre persönlichen Erfahrungen – was aber nicht bedeutet, dass Sexismus eine Anhäufung von Einzelfällen ist, also ein rein individuelles Problem. Ganz im Gegenteil haben diese Erfahrungen Bedeutung, denn sie machen ein gesellschaftliches Muster sichtbar. Sexismus dient als Instrument, Machtverhältnisse herzustellen und zu bewahren. Er ist dir wahrscheinlich auch schon begegnet: In Form des Mathelehrers, der dir sagt, deine 5 in der Klassenarbeit sei nicht tragisch – Mädchen hätten es eben einfach nicht so mit den Zahlen. In Form von blöden Sprüchen wie: »Du magst Superheldenfilme? Aber Mädchen interessieren sich für so was doch nicht!«. Mir sagte mein früherer Chef einmal, ich sollte doch eine Kolumne darüber schreiben, warum Frauen immer so viele Schuhe kaufen. Und mein Papa lacht immer noch, wenn ich daran erinnere, dass meine Mama und ich sämtliche Umzüge während meines Studiums zu zweit gemacht haben: Er kann sich schlicht nicht vorstellen, dass ich stark genug bin, schwere Sachen zu tragen. Sexismus hat viele Formen und basiert auf Geschlechterklischees und Stereotypen (siehe Teil I), auf vermeintlich natürlichen Geschlechtsunterschieden. So gelten Mädchen als fleißig, Jungs als schlau.

CHECKLISTE

WIE DU SEXISMUS IM ALLTAG ERKENNST

Sexismus hat viele Erscheinungsformen – mal ist er offensichtlich, mal total subtil. Ihn zu erkennen ist deshalb manchmal etwas knifflig. Gut, dass es einige untrügliche Anzeichen gibt:

1. Eindeutig negative Aussagen über Angehörige des weiblichen Geschlechts, wie: »Denen fehlt einfach was im Gehirn, deshalb sind die nicht so gut in Mathe ...«

2. Sätze, die mit Formulierungen wie »Frauen im Allgemeinen« oder Ähnlichem anfangen.

3. Sprüche wie »Frauen sind in der Küche am besten aufgehoben«, egal, ob sie ernst oder als Scherz gemeint sind (siehe Punkt 2).

4. Sprüche wie »Frauen sollten auf der Arbeit am besten nur kurze Röcke tragen«, gefolgt von a) Lachen, b) der ironischen Erklärung, da sei man(n) ja ganz schön sexistisch gewesen oder c) einem nonchalanten: »War doch nur ein Witz«.

5. Sprüche, die nicht direkt sexistisch sind, aber eben doch auf Klischees, Stereotypen und einem eindeutigen Rollenverhalten der Geschlechter basieren: »Du hast das Regal aufgebaut? Hätte ich gar nicht gedacht, dass du so was kannst.« Was nicht gesagt wird: »Hätte ich gar nicht gedacht, dass du als Mädchen so was kannst«. Ist aber gemeint.

6.	Ausgesucht höfliches Verhalten wie Tür aufhalten, Mantel abnehmen etc. bei gleichzeitiger Betonung dieses Verhaltens als »männlich«. Vertreter des Sexismus mit Kavalierscharakter würden sich niemals die Tür von einer Angehörigen des weiblichen Geschlechts aufhalten lassen! Das wäre unmännlich bzw. unweiblich. (Das Ganze nennt sich übrigens »wohlwollender Sexismus, in Abgrenzung zu »feindlichem Sexismus«, siehe Punkt 1)

7.	Darstellungen in den Medien und anderswo, die Frauen als Objekte zeigen: Wenn eine Frau mit ihrem halb nackten Körper Unterwäsche bewirbt, ist das naheliegend und angemessen – bewirbt sie mit ihrem halb nackten Körper einen Rasenmäher, ist das sexistisch.

Auch bei der Bekämpfung von Sexismus geht es darum, die zugrunde liegenden Strukturen sichtbar zu machen. Schon allein die Tatsache, Sexismus als solchen benennen zu können, ist wichtig: In den 1970er-Jahren erfand die Frauenbewegung den Begriff »Sexismus«, inspiriert von »Rassismus«, weil es für diese Art der Diskriminierung bisher schlicht keine Bezeichnung gab. Es herrschte im wahrsten Sinne des Wortes Sprachlosigkeit. In den letzten Jahren sind eine Vielzahl neuer Begriffe hinzugekommen, um verschiedene Arten sexistischen Verhaltens zu beschreiben: Wenn ein Mann eine Frau beim Reden ständig unterbricht, ist er ein »Manterrupter« (eine Kombination aus den Worten »man« und »interrupt«), wenn er ständig alles besser weiß als sie und sie auf eine herablassende Art belehrt, nennt sich das »Mansplaining« (eine Kombination aus den Worten »man« und »explaining«). Worte haben Macht und du kannst sie nutzen, um ein Problembewusstsein für Sexismus zu schaffen. Das Perfideste am Sexismus, aber auch am Rassismus ist, dass Menschen die sexistischsten bzw. rassistischsten Dinge sagen, nur um dann zu erklären, sie hätten es gar nicht so gemeint. Tatsächlich? Wenn du eine solche Situation mitbekommst, sag ganz klar deine Meinung – dass du das gerade nicht lustig fandest. Dafür braucht es ein bisschen Mut und Entschlossenheit. Mit ziemlicher Sicherheit werden gewisse Menschen dein Verhalten übertrieben oder hysterisch finden und dich zur »Spaßverderberin« erklären. Sei darauf vorbereitet und wappne dich. Es gibt allerdings Situationen, in denen es schwierig sein kann, etwas zu sagen. Situationen, in denen es zum Beispiel ein eindeutiges Machtgefälle gibt: Wenn du im Praktikum bist und dein Chef sagt vor versammelter Belegschaft, deine Jeans sitze ja ganz schön eng. Wie sollst du darauf reagieren? Wie wird dein Chef reagieren, wenn du etwas sagst? Riskierst du damit dein Praktikum?

Eine ganz schöne Zwickmühle, die zeigt, dass es für Mädchen und Frauen nicht immer und überall möglich ist, auf Sexismus zu reagieren und die betreffende Person dann auch noch mit ihrem sexistischen Verhalten zu konfrontieren. Weil man in so einer Situation auch mal perplex ist, gelähmt, nicht weiß, was man tun soll. Ich beschäftige mich berufsmäßig mit Sexismus und Gleichberechtigung beziehungsweise dem Mangel daran – und bin selbst oft genug hilflos, habe keinen passenden Spruch parat oder will einfach keine Szene machen. Im Internet finden sich unter den Hashtags *#aufschrei*, *#everydaysexism* oder *#MeToo* zahlreiche Beispiele für Sexismus, Belästigung und sexualisierte Gewalt (dazu später mehr) und die eigene Ohnmacht, die damit oft einhergeht.

Natürlich sind Rassismus und Sexismus nicht die einzigen Diskriminierungsformen: Es gibt u.a. die Diskriminierung aufgrund der sozialen Herkunft oder Position (Klassismus) oder aufgrund einer körperlichen Behinderung. Viele Menschen sind von Mehrfachdiskriminierung betroffen: Das heißt, sie werden nicht nur aufgrund eines Faktors diskriminiert. Eine lesbische Frau erfährt Diskriminierung anders als eine heterosexuelle. Und ist die entsprechende Frau nicht nur lesbisch, sondern beispielsweise auch türkischstämmig, ändert sich wiederum ihre Situation.

MIT BELÄSTIGUNG IM ÖFFENTLICHEN RAUM UMGEHEN

Hinterherpfeifen, anzügliche Bemerkungen, Belästigungen auf der Straße: Auf Englisch heißt das »Street Harassment«. Wenn Jungen und Männer Mädchen und Frauen im öffentlichen Raum belästigen, machen sie diese zu einem sexuellen Objekt, zwingen sie zu einer Reaktion und beanspruchen den öffentlichen Raum für sich. Die übliche Reaktion der betroffenen Mädchen und Frauen ist: weghören, weggucken, möglichst schnell weitergehen. Du solltest aber wissen, dass du jedes Recht hast, dich zu wehren – indem du dich zur Wehr setzt, holst du dir die Macht zurück. Belästiger setzen darauf, dass ihre Opfer zu peinlich berührt und ängstlich sind, um eine Szene zu machen. Ob du dich wehren kannst und willst, hängt natürlich von der Situation ab: Davon, ob du von mehreren Personen belästigt wirst und vor allem davon, ob du alleine unterwegs oder von Menschen umgeben bist. Wenn du alleine bist, geht deine persönliche Sicherheit über alles – sei vorsichtig und halte dich im Zweifelsfall lieber zurück. Befindest du dich hingegen in einer Menschengruppe, zum Beispiel in der U-Bahn, kannst du Folgendes machen: Gucke die Person, die dich belästigt (ob körperlich oder verbal) direkt an und sage laut und deutlich: »Ich kenne dich/Sie nicht. Hör/Hören Sie auf. Das ist mir unangenehm.« Dann entferne dich von der betreffenden Person so weit wie möglich. Du kannst auch andere Menschen um Hilfe bitten, indem du sie direkt anspricht: »Sie in der roten Jacke, bitten helfen Sie mir. Der Mann hier belästigt mich.« Leider gibt es kein Patentrezept für jede Situation, kein »richtiges« Vorgehen. Mach dir die Lage bewusst und handle danach. Denk daran: Es ist dein Recht, dich an öffentlichen Orten aufzuhalten, ohne belästigt zu werden.

Belästigung und sexualisierte Gewalt: jede Menge Mythen

Beim Sexismus geht es, wie bereits erwähnt, um Macht – und die äußert sich nicht nur in Form von Witzen oder abwertenden Sprüchen, sondern auch in Belästigung und sexualisierter Gewalt. Diese basieren auf der Vorstellung, dass Mädchen und Frauen etwas sind, über das Jungen und Männer Macht haben; etwas, das sie sich einfach nehmen können. Belästigung kann von anzüglichen Sprüchen oder Nachrichten bis zu körperlichen Übergriffen reichen – eine Hand auf dem Knie, ein wie zufälliges Streifen des Busens, eine zu intensive Umarmung. Belästigung kann online stattfinden, in der U-Bahn, am Arbeitsplatz, im Freund*innenkreis, überall. Oft wird so getan, als könnte der männliche Teil der Bevölkerung gar nicht wissen, was angemessenes Verhalten gegenüber Mädchen und Frauen ist, weil das Empfinden von Belästigung rein subjektiv sei. Es stimmt natürlich, dass das individuelle Empfinden unterschiedlich ist, jede* andere Grenzen zieht und nicht jede Frau auf die Hand am Knie gleich reagiert. Aber: Untersuchungen zeigen, dass es sehr wohl so etwas wie einen gesellschaftlichen Konsens darüber gibt, was angemessenes Verhalten ist. Menschen, die diesen Konsens ignorieren, tun das meistens bewusst.[50] Mal ehrlich: Die meisten Jungs und Männer verhalten sich doch Mädchen und Frauen gegenüber anständig – es wird also nichts Unmögliches verlangt! Genauso wenig wird verlangt, auf Flirten und Erotik zu verzichten. Wenn mir zum Beispiel ein Mann in der Bar ein Getränk ausgeben will, ist das für mich nicht automatisch Belästigung. Zur Belästigung wird es allerdings dann, wenn ich freundlich ablehne, er darauf insistiert und mein klares »Nein« nicht akzeptiert, aufdringlich und/oder aggressiv wird. In den meisten Fällen findet Belästigung nicht in erotisch angehauchten Situationen statt, sondern, wie erwähnt, am Arbeitsplatz, in der Öffentlichkeit. Sexuelle Belästigung beginnt übrigens bereits in der Schule – nur wenige der betroffenen Schülerinnen trauen sich, mit einem Lehrer oder einer Lehrerin darüber zu sprechen.[51]

SEXUELLE BELÄSTIGUNG UND SEXUALISIERTE GEWALT – WO LIEGT DER UNTERSCHIED?

SEXUELLE BELÄSTIGUNG

- umfasst sexuell bestimmtes Verhalten, das von der betroffenen Person als unerwünscht empfunden wird, und durch welches sie sich unwohl und in ihrer Würde verletzt fühlt
- Beispiele: sexualisierende Bemerkungen und unerwünschte körperliche Annäherung
- Online-Belästigung: Es ist strafbar, jemandem gegen seinen Willen z.B. pornografische Fotos zu schicken oder ihm/ihr intime Fragen zu stellen (»Bist du rasiert?«); genauso ist es strafbar, intime Bilder einer Person ohne deren Zustimmung an andere Personen weiterzuschicken oder zu veröffentlichen
- sexuelle Belästigung ist in Deutschland strafbar; ohne körperliche Berührung allerdings nur, wenn sie eine strafrechtlich definierte »Beleidigung« darstellt

SEXUALISIERTE GEWALT

- sexuelle Handlungen, die unter Einsatz von Gewalt und/oder Drohungen gegen den Willen der betroffenen Person vollzogen werden
- Beispiele: sexuelle Nötigung, Vergewaltigung oder sexueller Missbrauch von Kindern
- Vergewaltigung: liegt z.B. dann vor, wenn eine Person eine andere gegen ihren Willen zum Sex zwingt oder sexuelle Handlungen an ihr vornimmt
- in Deutschland fällt Vergewaltigung unter den Strafbestand der sexuellen Nötigung und ist strafbar
- es wird deshalb von sexualisierter Gewalt (und nicht von sexueller Gewalt) gesprochen, weil diese Gewalt kein Ausleben sexueller Bedürfnisse darstellt, sondern eine Ausübung von Macht

Viele Mädchen und Frauen erleben nicht nur Belästigung: Für sie gehört sexualisierte Gewalt zum Alltag, aber diese Gewalt wird verharmlost, verleugnet oder sogar gutgeheißen. Herrschende Vorurteile belasten die Opfer und schützen die Täter. Zum Beispiel, dass dem Opfer eine Teilschuld an einer Vergewaltigung gegeben wird – weil es ein kurzes Kleid anhatte, das den Täter angeblich provozierte, weil es sich besser hätte schützen müssen. Außerdem schwirrt immer noch das Vorurteil herum, dass Mädchen und Frauen eigentlich »Ja« meinen, wenn sie »Nein« sagen. Viele Menschen glauben auch, dass Mädchen und Frauen Vergewaltigungsvorwürfe erfinden, um sich beispielsweise an einem Ex-Freund zu rächen. Diese Fälle gibt es natürlich, ein Massenphänomen sind Falschbeschuldigungen aber nicht. Das größte Problem ist, dass wir alle eine ziemlich feste Vorstellung davon im Kopf haben, wie eine »echte« Vergewaltigung auszusehen hat. Sie passiert vornehmlich nachts, in dunklen, menschenleeren Ecken – die Warnung, nachts nicht alleine durch den Park zu laufen, hast du wahrscheinlich schon oft gehört. Ein Unbekannter stürzt hervor, eventuell hat er sogar eine Waffe. Er überfällt die Frau, vergewaltigt sie und lässt sie danach hilflos im Gras liegen. Die Wahrheit ist aber: Eine Vergewaltigung kann jederzeit passieren und von Menschen verübt werden, die du kennst, mit denen du bekannt, befreundet, verwandt oder in einer Beziehung bist. Gewalt gegen Mädchen und Frauen, ob sexualisiert oder nicht, wird zu einem hohen Prozentsatz von Männern aus dem Bekannten- und Familienkreis begangen. Das passt nicht in das weitverbreitete Vergewaltigungsschema (der Unbekannte im Park) – viele Opfer sind deshalb unsicher, ob das, was sie erlebt haben, überhaupt als Vergewaltigung zählt. Und ob sie nicht vielleicht eine Mitschuld tragen. Sie haben Angst, dass ihnen keiner glaubt, schließlich ist der Täter im Freund*innenkreis so beliebt oder sogar der eigene Partner. Sie bemühen sich, so zu tun, als sei nichts gewesen und schützen den Täter eventuell.

Unbewusst oder bewusst versuchen viele Mädchen und Frauen, sich vor sexualisierter Gewalt zu schützen. Sie sorgen dafür, dass immer jemand weiß, wo sie sich aufhalten. Sie meiden nach Einbruch der Dunkelheit bestimmte Wege und Ecken. Sie verzichten auf vermeintlich aufreizende Kleidung. Welche Schutzmechanismen kennst du von dir selbst? Telefonierst du auf dem Rückweg von einer Party mit deiner Freundin, um dich sicher zu fühlen? Hältst du deinen Haustürschlüssel in der Hand und klimperst damit herum, damit potenzielle Angreifer wissen, dass du gleich zu Hause bist? Verzichtest du auf eine Veranstaltung, weil sie spätabends endet und dich niemand abholen kann? Es wird viel Zeit und Energie investiert, Mädchen und Frauen beizubringen, sich zu schützen und grundsätzlich ist es natürlich nie verkehrt, vorsichtig zu sein und sich bestimmten Situationen gar nicht erst auszusetzen. Allerdings können Vergewaltigungen jederzeit passieren und werden meistens von Menschen verübt, die das Opfer bereits kennt oder denen es vertraut. Die Ursachen und Umstände von sexualisierter Gewalt müssen daher viel besser durchleuchtet werden. Das passiert viel zu selten. Stattdessen werden Männer aus der Verantwortung genommen, was wiederum auf ein trauriges Männerbild schließen lässt: Männer können sich sowieso nicht beherrschen und sind deshalb unfähig, ihr Verhalten zu ändern. Dabei kann man(n) sein Verhalten immer ändern, wenn man(n) grundsätzlich bereit ist, dieses zu hinterfragen.

Letztendlich basieren Belästigung und sexualisierte Gewalt auf ungleichen gesellschaftlichen Machtverhältnissen. Dies hat oft wenig mit Geschlechtsverkehr oder sexueller Lust zu tun: es geht um die Demonstration von Macht. Ein Mittel, um sexualisierte Gewalt zu verhindern und präventiv gegen sie vorzugehen, ist, die Gesellschaft insgesamt gerechter, weniger hierarchisch und ungleich zu gestalten: mit Ausgleich, Konsens und Respekt.

Mobbing: alltäglicher Psychoterror

Doch an Respekt fehlt es in unserer Gesellschaft oft, besonders im Umgang miteinander. Das zeigt sich auch beim Thema Mobbing. Fast jedes sechste Kind in Deutschland wird laut einer PISA-Studie regelmäßig Opfer von Mobbing in der Schule.[52] Es gibt sie sicher auch an deiner Schule: Jungen und Mädchen, die ihre Mitschüler*innen auf verschiedene Weise fertigmachen, sie drangsalieren und ausschließen.

EXKURS

WIE KÖNNEN JUNGS ZU VERBÜNDETEN WERDEN?

Wenn es um große Veränderungen geht – die Welt gerechter zu machen, zum Beispiel – ist es immer besser, Mitstreiter*innen zu haben. Warum sollten nur Mädchen und Frauen versuchen, gegen Ungerechtigkeiten wie sexualisierte Gewalt, traditionelle Geschlechterrollen und Sexismus anzukämpfen, wenn diese Themen Jungs und Männer doch genauso angehen? Im Englischen gibt es dafür den Begriff »ally«, was »Verbündeter« bedeutet. Verbündete sind Menschen, die zwar selbst nicht unter bestimmten Diskriminierungsformen wie Sexismus oder Rassismus leiden, davon Betroffene aber unterstützen. Wenn du Jungs zu deinen Verbündeten im Kampf gegen Ungerechtigkeit machen möchtest, mach ihnen zunächst bewusst, dass es ein Problem gibt. Hab konkrete Beispiele parat. Bitte sie darum, in bestimmten Situationen den Mund aufzumachen und dich oder andere Mädchen zu unterstützen – beispielsweise wenn der Sportlehrer die Jungs noch ein bisschen länger Fußball spielen lässt, während die Mädchen zum Umziehen in die Kabine geschickt werden. Verbündete sind Menschen, die sich ihrer Privilegien bewusst sind, aber bereit sind, dazuzulernen. Sie hören weniger privilegierten Menschen zu, nehmen ihre Anliegen ernst, unterstützen sie und helfen ihnen. Letztendlich ist es auch im Interesse von Jungs, sich für eine gerechtere und weniger sexistische Gesellschaft einzusetzen: Starre und einengende Geschlechterrollen betreffen sie schließlich genauso.

Generell bedeutet Mobbing, Menschen regelmäßig und wiederholt zu schikanieren, sie zu quälen und seelisch zu verletzen. Gewalt kann dabei eine Rolle spielen, muss aber nicht. Viel öfter wird auf Psychoterror gesetzt, auf Drohungen – in der Schule, am Arbeitsplatz, im Internet. Tag für Tag Mobbing ausgesetzt zu sein, ist anstrengend und kann Depressionen und Angstgefühle auslösen. Viele Opfer trauen sich nicht, sich zu wehren, aus Angst, dass alles nur noch schlimmer wird. Wenn du selbst von Mobbing betroffen bist, suche dir Hilfe. Umgib dich mit guten Freund*innen, die zu dir halten und dich unterstützen. Bitte einen Erwachsenen um Unterstützung: In der Schule kann das eine Vertrauenslehrerin sein, im Verein ein Trainer. Es kann auch helfen, sich seinen Eltern oder älteren Geschwistern anzuvertrauen. Lass dir von Mobber*innen nicht einreden, du seist nichts wert oder müsstest dich ändern. Nichts an dir rechtfertigt, dich zum Opfer und deinen Alltag zur Hölle zu machen. Mobbing kann jeden und jede treffen, es hat nichts damit zu tun, wer du bist. Und wenn nicht du von Mobbing betroffen bist, sondern jemand anderer? Zum Beispiel deine Freundin? Lass die betroffene Person wissen, dass du für sie da bist, und biete Unterstützung an. Erkundige dich regelmäßig, wie es ihr geht. Ermutige sie, sich Hilfe zu suchen und biete ihr an, sie beim Gespräch mit einem Erwachsenen zu begleiten. Wenn sie dich ausdrücklich gebeten hat, dich nicht einzumischen, du aber Angst um ihre Sicherheit und ihr Wohlergehen hast, solltest du handeln und dich an einen Erwachsenen wenden – bevor die Dinge außer Kontrolle geraten. Besonders schwierig ist es, mit Mobbing umzugehen, wenn dich die eigenen Freund*innen mobben (das passiert öfter, als man denkt). Wenn du das Gefühl hast, alle seien plötzlich gegen dich, hilft eigentlich nur eins: Du musst diese sogenannte »Freund*innenschaft« beenden. Nein, das ist nicht leicht, es tut sogar richtig weh. Der Verlust einer Freundin kann richtigen Herzschmerz auslösen, so wie das Ende einer Beziehung. Aber mal ehrlich: Welche Art von »Freund*in« verhält sich denn so? Freund*innen sollten sich gegenseitig unterstützen und füreinander da sein. Wenn das bei dir und deinen Freund*innen nicht der Fall ist, ist es besser, einen klaren Schnitt zu machen. Passenderweise hält das nächste Kapitel ein paar Tipps parat, wie du deine Stimme nutzen und für dich und deine Überzeugungen einstehen kannst. Speak up!

ELISABETH SELBERT
(1896–1986)

★ **NATIONALITÄT:**
deutsch

★ **BERUF:**
Politikerin und Juristin

★ **BESONDERE VERDIENSTE:**
Sorgte dafür, dass die Gleichberechtigung von Männern und Frauen im deutschen Grundgesetz verankert wurde. Elisabeth war seit 1918 in der SPD aktiv und wurde 1948 in den Parlamentarischen Rat gewählt, der das Grundgesetz ausarbeitete. Artikel 3 der Weimarer Verfassung lautete: »Männer und Frauen haben die gleichen staatsbürgerlichen Rechte und Pflichten.« Elisabeth wollte Gleichberechtigung als Auftrag an den Gesetzgeber im Grundgesetz stehen haben. Mithilfe dreier anderer Politikerinnen – den einzigen Frauen im Parlamentarischen Rat – setzte sie sich durch. Artikel 3 lautete nun: »Männer und Frauen sind gleichberechtigt.«

★ **NOCH ETWAS, DAS MAN ÜBER ELISABETH WISSEN MUSS:**
Sie war 1926 eine der ersten Frauen in Deutschland, die zum Jurastudium zugelassen wurden.

★ **ELISABETH IN DREI WORTEN:**
Durchsetzungsstark, kämpferisch, effizient.

★ **IHR RAT AN JUNGE FRAUEN HEUTE:**
Schließ dich mit anderen zusammen! Im Team seid ihr stärker und eure Stimmen haben mehr Gewicht.

FATIMA MERNISSI
(1940–2015)

★ **NATIONALITÄT:**
marokkanisch

★ **BERUF:**
Soziologin, Feministin und Autorin

★ **BESONDERE VERDIENSTE:**
Kämpfte unerschrocken für einen liberalen und weltoffenen Islam und vor allem für die Befreiung der Frau. Dafür erfuhr sie viel Gegenwind und heftige Anfeindungen. Der Koran selbst, so sah es Fatima, ist nicht frauenfeindlich – sondern nur seine Auslegung durch die Rechtsgelehrten, die den Koran als Begründung für die untergeordnete Rolle der Frau anführen. Fatima machte deutlich, dass sich auf der Basis islamischer Texte sogar die Teilhabe von Frauen an der politischen Macht begründen lässt.

★ **NOCH ETWAS, DAS MAN ÜBER FATIMA WISSEN MUSS:**
Ihr war das Konzept des »Empowerment« wichtig: Sie wollte vor allem muslimischen Frauen ermöglichen, ihr Schicksal selbst in die Hand zu nehmen.

★ **FATIMA IN DREI WORTEN:**
Redegewandt, offensiv, muslimisch.

★ **IHR RAT AN JUNGE FRAUEN HEUTE:**
Glaub nicht alles, was man dir erzählt – vor allem, wenn es um Religion geht.

REGINA JONAS
(1902–1944)

★ **NATIONALITÄT:**
deutsch

★ **BERUF:**
Rabbinerin. Regina wurde als weltweit erste Frau in diesem Amt ordiniert (das bedeutet so viel wie »eingesegnet«). Ein*e Rabbiner*in steht der Gemeinde vor, leitet Gottesdienste und unterrichtet die Gemeindemitglieder in religiöser Lehre.

★ **BESONDERE VERDIENSTE:**
Setzte sich für Frauen im Judentum ein. In verschiedenen Vorträgen an jüdischen Institutionen, zum Beispiel in ihrer Heimatstadt Berlin, sprach Regina über die Bedeutung der Frauen im Judentum. In den traditionellen jüdischen Gesetzen konnte sie keines finden, welches Frauen eine Tätigkeit als Rabbiner untersagte.

★ **NOCH ETWAS, DAS MAN ÜBER REGINA WISSEN MUSS:**
Die schriftliche Arbeit, mit der sie ihr Studium an der Berliner Hochschule für die Wissenschaft des Judentums abschloss, trug den Titel: »Kann die Frau das rabbinische Amt bekleiden?« Die Antwort war für sie klar.

★ **REGINA IN DREI WORTEN:**
Gläubig, traditionell, offen.

★ **IHR RAT AN JUNGE FRAUEN HEUTE:**
Sei hartnäckig und geh deinen Weg, auch wenn ihn vor dir noch niemand gegangen ist.

FATIMA AL FIHRI
(800-880)

★ **NATIONALITÄT:**
tunesisch-marokkanisch

★ **BERUF:**
Wohltäterin. Nach seinem Tod hinterließ Fatimas Vater ihr und ihrer Schwester ein beträchtliches Vermögen, welches die Schwestern ausschließlich für wohltätige Zwecke einsetzten.

★ **BESONDERE VERDIENSTE:**
Gründete die älteste Universität Marokkos: 859 ließ sie in Fes die al-Qarawiyîn-Moschee inklusive angrenzender Universität errichten. Vom zehnten bis zum zwölften Jahrhundert war diese Universität eine der führenden Institutionen in der Wissenschaft und viele berühmte Denker*innen kamen nach Fes. Zu ihrer Gründungszeit war al-Qarawiyîn die erste Universität, die akademische Grade verlieh. Der Islam war für Fatima nicht nur die spirituelle, sondern auch die geistige Ebene. Ihr war es wichtig, Religion und Bildung zusammenzubringen.

★ **NOCH ETWAS, DAS MAN ÜBER FATIMA WISSEN MUSS:**
Ihr Ehrenname lautet »Umm al-Banîna« – das bedeutet: Mutter der Kinder.

★ **FATIMA IN DREI WORTEN:**
Weitsichtig, selbständig, wissbegierig.

★ **IHR RAT AN JUNGE FRAUEN HEUTE:**
Wissen ist Macht.

GIRL CRUSH
*Maisie Williams (*1997)*

Millionen von Zuschauer*innen kennen die Britin Maisie Williams aus der Serie *Game of Thrones*. Dort spielt sie seit 2011 den Wildfang Arya Stark, ein Mädchen, das viel lieber kämpfen will als Handarbeit zu verrichten. Im wahren Leben ist Maisie mindestens genauso kämpferisch wie ihr Seriencharakter. Da wäre zunächst ihr feministisches Engagement: Maisie nervt es total, wie unterschiedlich die Rollenerwartungen an Mädchen und Jungen sind. Sie stellt fest: »Die Art, wie wir Jungen beschreiben, ist immer: ›Oh, du bist so stark, du bist so gut im Sport‹. Mädchen sagen wir nur: ›Oh, du bist so hübsch, du bist so reizend‹ – und das schränkt dich ein.«[53] Maisie will nicht niedlich sein, hat kein Problem damit, als »bossy« (herrisch) bezeichnet zu werden und lehnt Filmprojekte ab, wenn in den Drehbüchern nur langweilige Frauencharaktere auftauchen. Ein anderes Thema, das Maisie am Herzen liegt, ist Mobbing. Sie selbst wurde an ihrer Schule Opfer von Cybermobbing: In einer App lästerten ihre Mitschüler*innen anonym über das »Mädchen aus dem Fernsehen«. Ihre Mutter habe ihr gesagt, sie solle die Nachrichten einfach löschen: »Für einen Erwachsenen ist es leicht, das zu sagen, aber wenn du in dieser Welt bist und dein Körper verändert sich und deine Hormone sind überall, willst du einfach dazugehören.«[54] Ein Gutes haben die negativen Erfahrungen: Die Schauspielerin hat mit der Zeit gelernt, Selbstvertrauen aufzubauen. Ihre Botschaft an junge Frauen: »Sei stolz. Bleib dran. Du darfst die wichtigste Person in deiner Geschichte sein.«[55]

GIRL CRUSH
Rayouf Alhumedhi (*2001)

Rayouf Alhumedhi wollte eigentlich nur einen WhatsApp-Gruppenchat mit ihren Freundinnen einrichten. Kein großes Ding, doch als jedes Mädchen dafür ein Emoji aussuchen sollte, das sie repräsentierte, fiel der damals 15-jährigen Rayouf auf: Keines dieser Emojis sieht aus wie ich! Das liegt vor allem daran, dass Rayouf Muslima ist und Hidschab trägt, also ein Kopftuch. Emojis mit Kopftuch gab es nicht. Rayouf, deren Familie aus Saudi-Arabien stammt und momentan in Wien lebt, fasste einen Entschluss: Sie würde für das Hidschab-Emoji kämpfen! Für sie hat ihre Forderung nichts mit politischer Agenda zu tun, sondern mit Repräsentation: »Es gibt so viele Muslim*innen auf der Welt, man sieht sie überall, ob in den Straßen, Schulen oder im Fernsehen. Den Weg zu mehr Sichtbarkeit und Anerkennung, den die Gesellschaft in vielen Lebensbereichen schon eingeschlagen hat, sollte man auch in der Alltagskommunikation verfolgen.«[56] Zunächst schrieb Rayouf eine Mail an Apple, bekam aber nie eine Antwort. Dann erarbeitete sie einen offiziellen Antrag für das Unicode-Konsortium, das Vorschläge für Emojis annimmt. Der ganze Prozess war langwierig und aufwendig, die Antragsteller*innen müssen dem Konsortium auch Entwürfe für das entsprechende Emoji liefern. Doch seit dem Update des Apple-Betriebssystems iOS im November 2017 kann man im Chat nun tatsächlich ein Mädchen mit violettem Kopftuch posten. Rayouf freut sich: »Ich wollte einfach repräsentiert sein, so simpel ist das. Ich wollte einfach ein Emoji von mir.«[57]

TEIL V

STAND UP, SPEAK UP!

Stand up, speak up!

Ach, die Jugend von heute. Was macht sie eigentlich, außer im Internet rumhängen, für Selfies posieren und laut Musik hören? Interesse an Politik? Soziales Engagement? Sucht man vergeblich! So stimmt das natürlich nicht. Aber: Verschiedene Studien zeigen, dass es jungen Menschen tatsächlich schwer gemacht wird. Laut einer von der Jugendzeitschrift »BRAVO« und dem Marktforschungsinstitut »YouGov« im Juni 2017 durchgeführten Studie glauben zwei Drittel der Jugendlichen, sie hätten eher wenig Einfluss auf die aktuelle Politik. Nur jeder Zehnte hat das Gefühl, die Interessen von Teenagern würden in der Politik gut vertreten – stattdessen richte sich die politische Aufmerksamkeit viel zu sehr auf ältere Menschen. Jugendliche könnten die Politik sowieso nicht beeinflussen; ein Viertel fühlt sich von keiner politischen Partei repräsentiert.[58] Die Shell-Jugendstudie kommt ebenfalls zu dem Ergebnis, dass Jugendliche den politischen Parteien wenig Vertrauen entgegenbringen: Der Aussage, »Politiker kümmern sich nicht darum, was Leute wie ich denken«, stimmen 69 Prozent der Jugendlichen zwischen 15 und 25 Jahren zu.[59]

Trotzdem wird gerne so getan, als sei die Jugend von heute nicht an Politik interessiert, weil sie oberflächlich, bequem und internetsüchtig ist. Diese Klischees gelten noch einmal mehr für Mädchen, denn die verbringen ihre Zeit lieber mit Lästern, Shoppen und Schmink-Tutorials. Politik hingegen ist ein so wichtiges Thema, das man es lieber den Männern überlassen sollte. Du merkst, hier sind – wieder einmal – Geschlechterklischees am Werk. Tatsächlich geht Politik den weiblichen Teil der Bevölkerung genauso viel an wie den männlichen. Denn dort werden Entscheidungen getroffen, die dein Leben beeinflussen, im Großen und im Kleinen. Die Politik bestimmt, ob das örtliche Schwimmbad zugemacht wird oder wie viele Jahre du bis zu deinem Abschluss zur Schule gehen musst. Politik hat das Potenzial, Dinge zu verändern, sie voranzubringen, Probleme zu lösen. Deshalb ist sie wichtig und deshalb sollte sie dir nicht egal sein.

9 Arten, sich politisch zu informieren

★ Zeitungen und Magazine lesen – online oder offline

★ Nachrichten gucken – im Fernsehen oder im Internet

★ Eine App installieren – es gibt verschiedene Apps für politische News, politische Bildung oder bestimmte Themenfelder

★ Einen Newsletter abonnieren, der sich mit politischen und/oder gesellschaftlichen Themen befasst

★ Einen YouTube-Kanal mit politischen Themen abonnieren

★ Mit Eltern, Freund*innen und Bekannten über politische Themen sprechen: Was ist ihnen wichtig? Was denken sie?

★ Die Webseiten von lokalen Politiker*innen besuchen und schauen, für welche Themen sie sich einsetzen und welche Maßnahmen sie voranbringen

★ Politische Webseiten für Jugendliche besuchen

★ In den sozialen Netzwerken Menschen folgen, deren (politische) Meinung man interessant findet

Die eigene Stimme nutzen

Vielleicht interessierst du dich ja längst für politische Ereignisse, hast aber wie so viele andere junge Menschen das Gefühl, dass niemand dich ernst nimmt. Oder dir fehlen Möglichkeiten, dich politisch einzubringen. Tatsächlich gibt es einige Wege, aktiv zu werden – doch die muss man erstmal kennen. Wusstest du zum Beispiel, dass du in Niedersachsen, Baden-Württemberg, Berlin, Brandenburg, Bremen, Hamburg, Mecklenburg-Vorpommern, Nordrhein-Westfalen, Sachsen-Anhalt und Schleswig-Holstein deine Stimme bei Kommunalwahlen schon ab 16 Jahren abgeben kannst? Oder dass es in vielen deutschen Städten Kinder- und Jugendparlamente gibt, in denen du dich engagieren und die Interessen Jugendlicher gegenüber der jeweiligen Gemeinde vertreten kannst? Darüber hinaus existieren verschiedene Initiativen, Vereine und Projekte, bei denen Jugendliche mitmachen können. Und wenn es in deiner Stadt oder Gemeinde nicht die passende Gruppe gibt, die dir wichtige Themen vertritt?

Dann gründe doch selber eine! Such dir Gleichgesinnte und leg los – egal, ob du dich für mehr Probenräume in deiner Stadt einsetzen willst oder für eine Aufstockung der Jugendabteilung in der örtlichen Bücherei. Egal, ob du dich für Umweltschutz interessierst oder für Feminismus, für Sport oder Flüchtlingshilfe, eine Gruppe, zum Beispiel ein monatlicher Lesekreis, lässt sich leicht ins Leben rufen. Eine Vereinsgründung ist – aus juristischer Sicht – weitaus komplizierter und du solltest dir dabei Hilfe suchen. Du kannst aber auch einer parteipolitischen Organisation beitreten: Die großen Parteien wie CDU, CSU, SPD, Grüne, FDP und Linke haben Jugendorganisationen, in denen du schon ab 14 Jahren Mitglied werden kannst und die nicht voraussetzen, dass du in die jeweilige Partei eintrittst. Auch an deiner Schule gibt es (hoffentlich) Möglichkeiten, dich zu engagieren: In Arbeitsgemeinschaften, bei der Schüler*innenzeitung, als Klassen- oder Stufensprecher*in. Wenn du dich engagieren möchtest, informiere dich darüber, was es in deiner Nähe gibt, probiere aus, worauf du Lust hast und was dir Spaß macht. Denk immer daran: Wenn du nicht selbst deine Interessen vertrittst, wird es möglicherweise auch niemand anderer tun.

Politische Protestaktionen von Teenagern weltweit

★ <u>**CLAUDETTE COLVIN (USA, *1939)**</u>

Am 2. März 1955 weigerte sich die damals 15-jährige Claudette Colvin in Montgomery (Alabama), ihren Sitz freizumachen. Sie saß nämlich in einem Bus, in dem bestimmte Plätze für Weiße, und bestimmte Plätze für Schwarze vorgesehen waren: Im Süden Amerikas herrschte die sogenannte »Rassentrennung«. Claudette wurde festgenommen – und so zu einer Vorreiterin der Bürgerrechtsbewegung noch vor der berühmten Rosa Parks, die sich im Dezember 1955 ebenfalls weigerte, ihren Platz für eine Weiße herzugeben.

★ <u>**ZHAN HAITE (CHINA, *1997)**</u>

Mit nur 15 Jahren wurde Zhan Haite 2012 zur Aktivistin: Sie protestierte öffentlich gegen Chinas Einwohner*innen-Registrierungs-System, das »hukou«. Dieses System sieht unter anderem vor, dass Arbeiter*innen, unabhängig davon, wo sie tatsächlich leben, ihre Kinder nur in dem Ort zur Schule schicken können, aus dem ihre Familie stammt und in dem sie offiziell registriert sind. Oft handelt es sich dabei um abgelegene Dörfer, in denen die Schulbildung keine hohe Qualität hat. Zhan lebte in Shanghai und wollte dort auch zur Schule gehen – als ihr das offiziell verboten wurde, organisierte sie eine Demo, protestierte in den sozialen Medien und schrieb einen vielbeachteten Beitrag für eine große chinesische Tageszeitung.

Im Juli 2017 tauchten vor dem Kapitol des Bundesstaates Texas 15 farbenfroh gekleidete Mädchen auf, darunter auch die 17-jährige Magdalena Juarez. Sie inszenierten dort eine sogenannte »Quinceañera«, eine lateinamerikanische Tradition. Dabei handelt es sich eigentlich um eine Geburtstagsfeier für 15-jährige Mädchen – doch die Mädchen vor dem Kapitol nutzten die Feier für einen Protest. Mit Tanz, Musik und deutlichen Worten protestierten sie gegen ein neues, striktes Einwanderungsgesetz, das zuvor vom US-Senat verabschiedet worden war. Magdalena erklärte: »In der lateinamerikanischen Kultur sind Quinceañeras eine wichtige Tradition, um Familien zusammenzubringen, Gemeinschaften und Kultur zu vereinigen. Wir werden diesem Gesetz nicht auf seinem hasserfüllten Niveau begegnen [...] Wir werden Widerstand leisten, indem wir unsere Familien und unsere Kultur feiern.«[60] Organisiert wurde der Protest von der Gruppe »Jolt«, die sich für die Belange der lateinamerikanischen Bevölkerung in den USA einsetzt.

Mund auf!

Wenn du willst, dass deine Stimme gehört wird, wirst du nicht drum herumkommen, deinen Mund aufzumachen – und zwar in der Öffentlichkeit. Das kann ganz schön einschüchternd sein, vor allem, wenn du eher zu den stillen Typen gehörst und lieber im Hintergrund bleibst. Viele Menschen haben ein Problem damit, öffentlich zu sprechen. Sie haben Angst, sich zu verhaspeln, etwas Blödes zu sagen oder ausgelacht zu werden. Wenn du zu dieser Kategorie gehörst, taste dich langsam an das Thema »Reden in der Öffentlichkeit« ran. Du musst ja nicht gleich eine Rede im Bundestag halten – eine Wortmeldung in der Klasse tut es für den Anfang auch. Setze dir zuerst ein Ziel, zum Beispiel: Heute werde ich im Deutschunterricht etwas sagen, egal was. Es hilft, wenn du dir ein paar Notizen machst, bevor du deine Hand hebst. Vielleicht brauchst du die Notizen gar nicht, sie sind eine Art Sicherheitsnetz: du weißt, dass sie im Notfall da sind. Mach dir bewusst, dass anderen deine Nervosität im Zweifelsfall überhaupt nicht auffällt – wir nehmen uns selbst nämlich immer viel bewusster wahr als die anderen.

SELBSTERMÄCHTIGUNG

Veränderung fängt bei dir selbst an – so abgedroschen das klingt, es ist wahr! Das heißt nicht, dass du anders werden musst, als du bist. Im Gegenteil, es geht darum, genau diejenige zu sein, die du sein willst! Das bedeutet, Verantwortung für dein Leben und Handeln zu übernehmen. Es mag dir nicht so wichtig vorkommen wie Proteste zu organisieren oder dich anderweitig gesellschaftlich einzubringen. Aber wenn du weißt, was du willst, was dich ausmacht und wie du für deine Überzeugungen einstehst, verleiht dir das Selbstbewusstsein und somit auch mehr Power für andere Dinge. Im Englischen gibt es dafür den Begriff »Self Empowerment«, also »Selbstermächtigung«. Dabei geht es darum, selbstbestimmter und unabhängiger zu werden und sich aus Abhängigkeitsverhältnissen zu befreien. Zum Beispiel finanzielle Abhängigkeit, aber auch die Abhängigkeit von männlicher Bestätigung. Die Selbstermächtigung ist für manche schwieriger als für andere, denn nicht jede Person hat die gleichen Voraussetzungen und Möglichkeiten. Gegen diskriminierende Strukturen in der Gesellschaft kann eine einzelne Person nur schwer ankommen und deshalb ist es umso wichtiger, sich Hilfe und Unterstützung zu holen: Die Macht der Gemeinschaft! Selbstermächtigung ist kein Prozess, durch den du alleine durchmusst. Im Gegenteil: Der Austausch mit anderen kann dir mehr Selbstvertrauen verleihen. Was du als Schwäche empfindest, ist in den Augen deiner Freund*innen vielleicht gar keine.

Und auch wenn du etwas Falsches sagst, dich verliest oder deine Stimme zittert: Na und? Mal ehrlich: Wird dieser Moment weitreichende Konsequenzen für dein Leben haben? Wirst du dich in ein paar Jahren noch daran erinnern? Vermutlich nicht. Es geht darum, das Ganze in Perspektive zu setzen.

Wenn du im öffentlichen Sprechen souveräner werden möchtest, musst du lernen, das damit einhergehende Unbehagen, die Schweißausbrüche und roten Wangen zu akzeptieren. Mit der Zeit wirst du dich sicherer fühlen und dir nicht mehr so viele Gedanken darüber machen, was die anderen über dich denken. Denn darum geht es ja eigentlich: Die Angst, von anderen bewertet und beurteilt zu werden. Ein Geheimrezept gegen diese Angst gibt es nicht – aber die Menschen, die scheinbar mühelos etwas sagen, ob im Klassenraum oder woanders, haben eins (bewusst oder unbewusst) verstanden: dass sie das Recht haben, ihre Meinung zu sagen und dass diese Meinung Wert besitzt. Das gilt auch für dich. Deine Ansichten verdienen genauso gehört zu werden wie die von anderen. Und zwar auch dann, wenn du ein Mädchen bist! Das muss so deutlich gesagt werden: Mädchen und Frauen, die selbstbewusst ihre Meinung sagen, gelten schnell als vorlaut oder rechthaberisch. Bei Jungs und Männern sieht es mal wieder anders aus: dass sie ihre Meinung sagen, ist normal und nicht mit negativen Stereotypen behaftet. Ganz schön unfair, aber lass dich von diesen Doppelstandards nicht einschüchtern oder gar davon abhalten, deinen Mund aufzumachen. Meine große Klappe war beispielsweise ganz schön nützlich, als ich in einer Redaktion voller Männer landete, die sich in der Redaktionskonferenz mit wortreichen Beiträgen gegenseitig überboten. Hätte ich meinen Mund nicht aufgemacht, hätte ich meine Ideen nie einbringen können.

All I'm asking for ... is a little respect

Jungen Menschen wird oft vermittelt, sie hätten keine Ahnung und daher kein Recht, überzeugt ihre Meinung zu vertreten. Dazu fehlt ihnen angeblich die Lebenserfahrung und das damit verbundene Wissen. Ich bin 30 und trotzdem kommen nach Vorträgen und anderen Veranstaltungen manchmal ältere Frauen zu mir, die verkünden: »Frau Korbik, Sie sind ja noch jung. Lassen Sie mich Ihnen deswegen etwas sagen ...« Das ist meistens nett gemeint, kommt aber doch etwas gönnerhaft rüber. Es stimmt natürlich, dass die Erfahrung erst mit den Lebensjahren kommt. Aber es stimmt nicht, dass die Meinung von jungen Menschen deswegen keinen Wert hat. Du hast das Recht, Respekt für dich einzufordern, ob von Gleichaltrigen oder Älteren. Allerdings solltest du ihnen dafür auch immer mit Achtung begegnen, gerade wenn es in Diskussionen um Themen geht, die dir wichtig sind. Das gilt noch mehr für den Umgang mit Erwachsenen und Autoritätspersonen. Plane im Voraus, was du sagen möchtest: Wenn es zum Beispiel um einen Lehrer geht, der im Unterricht blöde Bemerkungen über deine mangelnden Kenntnisse in Erdkunde macht, schreib die Bemerkungen auf und warum sie dich stören. Dann konfrontiere den Lehrer damit und rede nicht drum herum. Ein guter Einstieg wäre: »Ich würde gerne mit Ihnen darüber sprechen, was Sie letztens gesagt haben«, oder: »Mein Problem ist folgendes ...«. Sieh den Lehrer beim Sprechen an, statt verlegen auf den Boden zu gucken. Sprich klar und deutlich. Sei höflich, aber nicht unterwürfig oder defensiv. Bleib möglichst sachlich. Dieser Punkt ist etwas knifflig: Zwar ist das Ziel Sachlichkeit – schließlich geht es um deine Argumente –, es kann aber durchaus mal passieren, dass du emotional wirst. Gefühle zu zeigen bedeutet nicht, dass du schwach oder manipulativ bist. Ja, Sachlichkeit sollte bei Diskussionen mit Autoritätspersonen das Ziel sein – aber mach dich nicht fertig, wenn das mal nicht so gut geklappt hat. Hör dir die Argumente deines Lehrers in Ruhe an (auch wenn du große Lust hast, ihn sofort zu unterbrechen oder deine Sicht der Dinge darzulegen). Vielleicht war ihm sein eigenes Verhalten ja gar nicht bewusst. Mach klar, was du dir von ihm wünschst: »Ich möchte nicht, dass Sie im Unterricht so über mich sprechen, weil ich mich dadurch bloßgestellt fühle.« Wenn du dir ein solches Gespräch allein nicht zutraust, hol dir Unterstützung von einer Freundin. Sie muss gar nichts sagen; allein die Tatsache, dass sie neben dir steht, hilft ungemein.

IM INTERNET RESPEKTVOLL MIT ANDEREN UMGEHEN

Das Internet ist eine tolle Sache: Hier kann jeder seine Meinung sagen, Dinge verbreiten, teilen, sich mit anderen austauschen. Doch der Tonfall im Netz kann ganz schön rau sein. Es entstehen Shitstorms und werden Beleidigungen ausgetauscht. Wenn du im Internet mitdiskutieren willst, solltest du deshalb drei Regeln beachten. Erstens: Behandle andere so, wie du selbst behandelt werden willst. Mit Respekt. Zweitens: Lass dich nicht provozieren. Was direkt zum dritten Punkt führt: Sage und schreibe im Netz nicht Dinge, die du der betreffenden Person nicht auch persönlich sagen würdest. Vergiss nicht, dass hinter Online-Profilen reale Menschen stecken.

Die Kunst des Diskutierens

Die Fähigkeit, gut zu diskutieren, ist wichtig, um deine Meinung angemessen zu vertreten – und das nicht nur gegenüber Autoritätspersonen. Jede Diskussion ist anders, aber ein paar allgemeine Regeln gibt es. Erstens: Bleib fair, werde nicht beleidigend oder ausfallend. Zweitens: hör dir die Argumente deines Gegenübers an, und zwar wirklich. Viele Menschen bilden sich nämlich ein, sie würden ihrem Gegenüber zuhören, während sie eigentlich nur an ihrer Antwort feilen. Drittens: Hab keine Angst davor, zuzugeben, wenn du von etwas keine Ahnung hast. Das ist nicht peinlich, sondern souverän. Viertens: Bleib offen für andere Meinungen. Schon klar, du bist davon überzeugt, recht zu haben. Aber vielleicht hat dein Gegenüber trotzdem interessante Argumente, über die sich nachzudenken lohnt. Fünftens: Wisse, wann du eine Diskussion beendest. Wenn du merkst, dass weder du dein Gegenüber überzeugen kannst noch umgekehrt, belasse es dabei. Manchmal ist man sich eben nur darin einig, dass man sich nicht einig ist. »Agree to disagree.« Manche Menschen lassen nicht locker, wollen immer weiter diskutieren und dich in Auseinandersetzungen reinziehen, auf die du gar keine Lust hast. In so einem Fall kannst du versuchen, das Thema zu wechseln – oder du sagst klar und deutlich, dass du anderer Meinung bist und es dabei belassen willst. Wenn du merkst, dass jemand dich nicht ernst nimmt, alles ignoriert, was du sagst und deine Argumente schlicht »dumm« oder »falsch« findet, lohnt sich eine Diskussion nicht (mit solcher Art von »Diskussionen« habe ich als Feministin leider jede Menge Erfahrung). Nicht alle Kämpfe sind es wert, geführt zu werden. Generell gilt: Sprich mit anderen, egal ob mit Gleichaltrigen oder Erwachsenen so, wie du umgekehrt möchtest, dass sie mit dir sprechen. Der Ton macht schließlich die Musik.

Vorbild gesucht

Du merkst: seine Meinung sagen, sich einmischen und Haltung beziehen ist alles andere als einfach. Es ist sogar ganz schön anstrengend und schwierig. Oft kostet es viel Überwindung. Unterstützung ist also – wie gesagt – wichtig. Und dazu gehört auch, sich Vorbilder zu suchen.

Ein Vorbild ist eine Person, mit der du dich identifizierst, die dich inspiriert und dir Mut macht, deinen eigenen Weg zu gehen. Vorbilder können ganz unterschiedlich sein, sie können jung oder schon älter, fiktional oder real, männlich oder weiblich, ganz normale Menschen oder Berühmtheiten sein. Ein Vorbild kann jemand sein, der dir sehr ähnlich ist – oder ganz anders als du. Vielleicht hast du ja schon ein Vorbild: Die Schauspielerin, die auf der Leinwand facettenreiche Frauen verkörpert. Dein Papa, der sich ehrenamtlich im Seniorenheim engagiert. Die furchtlose Dämonenjägerin aus deinem Lieblingsbuch. Die Politikerin, die sich auch mit über 80 Jahren nicht den Mund

7 inspirierende fiktionale Heldinnen

★ **<u>CLARY FRAY</u>** (aus: *Chroniken der Unterwelt* von Cassandra Clare)
Klein, stur und loyal: Clarys Superkraft ist ihr Mitgefühl. Ein paar beeindruckende Kampftechniken hat sie außerdem drauf.

★ **<u>MULAN</u>** (aus: *Mulan* von den Walt-Disney-Studios)
Mulan nimmt ihr Schicksal und das ihrer Familie selbst in die Hand: Sie verkleidet sich als Junge, tritt in die chinesische Armee ein – und entdeckt dabei ihre eigenen Stärken.

★ **<u>HERMINE GRANGER</u>** (aus: *Harry Potter* von J. K. Rowling)
Mal ehrlich: ohne Hermines Hilfe wären viele von Harrys Abenteuern sicher nicht so positiv ausgegangen. Die schlaue Hexe hat Spaß am Lernen und schämt sich nicht für ihren Ehrgeiz.

★ **<u>PRINZESSIN SHURI</u>** (aus dem Marvel-Film *Black Panther*)
Shuri mag eine Prinzessin sein, doch vor allem ist sie ein Technikgenie: Ohne ihre Erfindungen sähe ihr älterer Bruder T'Challa, der »Black Panther«, alt aus. Shuri entwickelt Waffen, aber auch lautlose Turnschuhe und andere nützliche Dinge – und weiß genau, wie talentiert und unentbehrlich sie ist.

★ **<u>ELSA</u>** (aus dem Disney-Film *Die Eiskönigin – Völlig unverfroren*)
Elsa hat es satt, sich zurückzuhalten, ihre Kraft zu unterdrücken und so zu sein, wie andere sie haben wollen. Stattdessen zeigt sie sich endlich so, wie sie ist. Und siehe da: ihre Schwester Anna liebt sie trotzdem!

★ **<u>KAMALA KHAN ALIAS MS. MARVEL</u>** (aus der gleichnamigen Comic-Serie)
Kamala ist nicht nur eine waschechte Superheldin, sie ist auch Muslima! Das pakistanisch-stämmige Mädchen lebt in New Jersey und muss feststellen, dass gegen Probleme eines Teenagers nicht mal Superkräfte helfen.

★ **<u>ARYA STARK</u>** (aus: *Game of Thrones* von George R. R. Martin)
Arya ist vor allem eins: entschlossen. Um ihre Familie zu rächen, lässt sie sich zur Mörderin ausbilden. Doch unter der rauen Schale steckt ein Mädchen, das schon früh lernen musste, Verantwortung zu übernehmen und sich auf sich selbst verlassen zu können.

verbieten lässt. Vielleicht suchst du aber noch nach einem Vorbild und weißt nicht so richtig, wo du eines finden sollst. Dabei hilft es, wenn du dir zunächst einige Fragen stellst: Welche Hobbys habe ich? Was interessiert mich? Was ist mir wichtig? Wie wäre ich gerne? Wie nicht? Wenn du zum Beispiel supersportlich bist, schau dich in dem Bereich mal um: Welche tollen Menschen gibt es da? Oder dir ist das Thema Gleichberechtigung wichtig: Wer äußert sich in der Öffentlichkeit dazu? Bei Vorbildern geht es nicht unbedingt darum, so zu sein wie sie, sondern vielmehr um Inspiration. Vorbilder müssen nicht perfekt sein – das können sie gar nicht, niemand ist perfekt. Selbst Romanheld*innen nicht. Manchmal sind es nur bestimmte Eigenschaften, die dich an einer Person faszinieren: ihr Selbstbewusstsein, ihre Art zuzuhören, ihre positive Lebenseinstellung, ihre Hilfsbereitschaft ... Was es auch ist, mach dir bewusst, was du toll findest und warum. Nutze das Vorbild, um ein bisschen mehr so zu werden, wie du sein willst. Wenn dein Vorbild beispielsweise eine coole Gitarristin ist, motiviert sie dich im besten Falle dazu, mehr auf deiner Gitarre zu üben. Oder wenn dein Papa im Seniorenheim aushilft, bringt dich das dazu, dir ebenfalls Gedanken darüber zu machen, ob und wo du dich engagieren möchtest. Ich entdecke quasi jede Woche ein neues, potenzielles Vorbild – sie finden sich überall, wenn man die Augen aufmacht.

Du siehst: Man kann sich auf verschiedene Arten einbringen. Dafür musst du nicht unbedingt in eine Partei eintreten. Aber: um etwas zu bewegen, musst du deine Stimme nutzen. Für dich, und für andere. Denn auch das gehört zum Mädchensein, dieses Einstehen für dich selbst, wenn dir etwas wichtig ist. Nicht nur, wenn es um Politik oder soziale Ungleichheit geht, sondern auch wenn es deinen Körper, deine Sexualität, dein Geschlecht, deinen Charakter und deine Interessen betrifft. Du zählst. In deiner ganzen Widersprüchlichkeit und Unsicherheit, in deiner ganzen Einzigartigkeit und Großartigkeit.

EMMA GOLDMAN
(1869–1940)

★ **NATIONALITÄT:**
russisch-amerikanisch (geboren im heutigen Litauen)

★ **BERUF:**
Autorin und politische Aktivistin, vor allem aber: Anarchistin. Emma lehnte den Staat, das kapitalistische Wirtschaftssystem und die Religion ab, weil diese das menschliche Streben nach Freiheit behindern.

★ **BESONDERE VERDIENSTE:**
Emma sorgte mit ihren Reden und Veröffentlichungen für ordentlich Unruhe. Sie wurde mehrmals verhaftet und ins Gefängnis gesteckt. Von ihren Überzeugungen brachte sie das nicht ab: Sie setzte sich für Freiheit, Empfängnisverhütung, freie Liebe, die Rechte von Homosexuellen und Frauen sowie ein alternatives gesellschaftliches System ein. Emma bemühte sich immer, Anarchismus wirklich zu leben, in Taten und Worten.

★ **NOCH ETWAS, DAS MAN ÜBER EMMA WISSEN MUSS:**
Sie gilt als Mitbegründerin des sogenannten Anarchafeminismus – einer Form des Radikalfeminismus, der Herrschaftsformen in allen Lebensbereichen ablehnt.

★ **EMMA IN DREI WORTEN:**
Anarchisch, aufrührerisch, authentisch.

★ **IHR RAT AN JUNGE FRAUEN HEUTE:**
Hab Hoffnung. Die Dinge müssen nicht so sein, wie sie sind.

EMMY NOETHER
(1882–1953)

★ **NATIONALITÄT:**
deutsch

★ **BERUF:**
Mathematikerin

★ **BESONDERE VERDIENSTE:**
Emmy war 1919 die erste Frau in Deutschland, die sich in Mathematik habilitierte, also den Professor*innentitel erhielt und unterrichtete. Sie war eine der Begründer*innen der modernen Algebra. Verschiedene mathematische Sätze und Strukturen sind nach ihr benannt, zum Beispiel die »Noethersche Induktion« oder das »Noether-Theorem«. Zwar beschäftigte Emmy sich viel mit abstrakten Systemen, die Mathematik selbst war für sie aber sehr konkret.

★ **NOCH ETWAS, DAS MAN ÜBER EMMY WISSEN MUSS:**
Sie stammte aus einer jüdischen Familie und war überzeugte Pazifistin. Als die Nationalsozialisten an die Macht kamen, musste sie nach Amerika fliehen. Ihr Spitzname unter den Studierenden lautete »der Noether«: Emmy nahm sich nämlich immer die Freiheit, sich wie ein Mann zu verhalten, also mal wütend loszupoltern und nicht allzu viel Wert auf ihre Kleidung zu legen.

★ **EMMY IN DREI WORTEN:**
Zahlenverliebt, analytisch, unorthodox.

★ **IHR RAT AN JUNGE FRAUEN HEUTE:**
Wenn dir die Türen nicht offen stehen, musst du sie im Zweifelsfall selbst öffnen.

MAYA ANGELOU
(1928–2014)

★ **NATIONALITÄT:**
US-amerikanisch

★ **BERUF:**
Dichterin, Autorin und Bürgerrechtlerin

★ **BESONDERE VERDIENSTE:**
Maya war ein Multitalent: Sie arbeitete als Schauspielerin, Produzentin von Theaterstücken und Filmen, Tänzerin und Sängerin. Bekannt ist sie vor allem für ihre Gedichte, ihre Autobiografie sowie ihr Engagement in der amerikanischen Bürgerrechtsbewegung. In ihren 1969 erschienenen Memoiren *Ich weiß, warum der gefangene Vogel singt*, beschreibt Maya ihre schwierige Kindheit – sie wurde sexuell missbraucht – und ihr Leben als schwarze Frau in Amerika. In den 1960er-Jahren arbeitete sie mit schwarzen Bürgerrechtler*innen wie Malcom X und Martin Luther King zusammen.

★ **NOCH ETWAS, DAS MAN ÜBER MAYA WISSEN MUSS:**
1993 trug sie ihr Gedicht *On Pulse of the Morning* bei der Amtseinführung des amerikanischen Präsidenten Bill Clinton vor. Eine Tonaufnahme dieses Auftritts brachte Maya den wichtigen Musikpreis Emmy ein.

★ **MAYA IN DREI WORTEN:**
Unbeugsam, frei, aktiv.

★ **IHR RAT AN JUNGE FRAUEN HEUTE:**
Jede kann sich einbringen, jede hat etwas zu geben. Wichtig ist, dass du etwas tust.

NEZIHE MUHIDDIN
(1889–1958)

★ **NATIONALITÄT:**
türkisch

★ **BERUF:**
Politikerin, Frauenrechtlerin und Autorin

★ **BESONDERE VERDIENSTE:**
Gründete 1923 in der noch im Entstehen befindlichen Republik die erste türkische Partei, die sich für die Rechte der Frauen stark-machte: die *Frauen-Volkspartei*. Allerdings wurde die Partei nicht zugelassen, weil sie angeblich zu radikal war. Also gründete Nezihe kurzerhand einen Verein, die *Türkische Frauen-Union*. Die türkische Regierung entzog dem Verein nach einiger Zeit die Unterstüt-zung, Nezihe war ihr zu fordernd, zu laut.

★ **NOCH ETWAS, DAS MAN ÜBER NEZIHE WISSEN MUSS:**
Sie war auch journalistisch tätig und von 1924 bis 1927 Chefredak-teurin einer feministischen Wochenzeitung. Sie versuchte, Frauen stärker in das öffentliche Leben zu involvieren.

★ **NEZIHE IN DREI WORTEN:**
Energisch, lautstark, hartnäckig.

★ **IHR RAT AN JUNGE FRAUEN HEUTE:**
Wenn niemand deine Interessen vertritt, musst du es selbst tun.

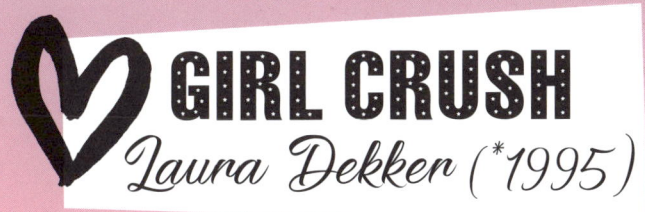

♥ GIRL CRUSH
*Laura Dekker (*1995)*

Wenn Laura Dekker sich etwas in den Kopf gesetzt hat, dann zieht sie es durch. 2009 hatte sie beschlossen, allein eine Weltumseglung zu machen – mit gerade einmal 13 Jahren. Das Wasser ist Lauras Element, sie ist dort aufgewachsen: Ihre Eltern sind ebenfalls begeisterte Segler und befanden sich gerade auf Weltreise, als Laura geboren wurde. Durch ihren Vater besitzt Laura die niederländische, durch ihre Mutter die deutsche und durch ihren Geburtsort Whangarei die neuseeländische Staatsbürger*innenschaft. Eine richtige Kosmopolitin eben. Schon mit 12 Jahren steuerte Laura ihr Boot »Guppy« aus den Niederlanden nach England und zurück. In der Öffentlichkeit sorgte Lauras geplante Weltumseglung für Empörung: Ein Teenager, darin war man sich einig, kann doch unmöglich monatelang allein auf hoher See herumschippern! Lauras Vater wollte sie von der Schule abmelden, damit sie sich ihren Traum erfüllen konnte, doch das Jugendamt schaltete sich ein; ein Gericht schränkte das Sorgerecht der Eltern ein, eine Psychologin untersuchte Laura. Zwischendurch riss Laura aus, flüchtete in die Karibik, wurde festgesetzt und zurückgeschickt. Doch irgendwann hatte sie alle mürbegemacht: Im August 2010 brach Laura zur lang ersehnten Reise auf. Ihren 16. Geburtstag feierte sie in Darwin, Australien. Um einen Rekord ging es Laura bei ihrer Reise nie, erst nach 500 Tagen, am 21. Januar 2012, traf sie am Ziel ein, auf der niederländischen Karibikinsel St. Maarten. Laura sagt: »Es war mein Traum, ich tat, was ich wollte.«[61] Ihr sei schlicht nie der Gedanke gekommen, dass die Idee einer Weltumseglung ungewöhnlich wäre.

GIRL CRUSH
Maya S. Penn (*2000)

Das nennt man wohl Unternehmergeist: Schon mit acht Jahren gründete Maya S. Penn ihre eigene Firma, mit der sie umweltfreundliche Mode herstellte. Heute hat sie mehrere Angestellte und gibt sich längst nicht mehr damit zufrieden, nur Klamotten zu produzieren: Maya hat ein Buch geschrieben (*You got this!*), zeichnet Trickfilme, programmiert und ist eine gefragte Rednerin. Seit ihr Vater seiner vierjährigen Tochter zeigte, wie man einen Computer auseinander- und wieder zusammenbaut, begeistert Maya sich für Technik: »Technologie regiert die Welt und mehr Menschen denn je brauchen diese Fähigkeiten.«[62] Die erste Webseite für ihre Modelinie »Maya's Ideas« programmierte Maya selbst, mit gerade einmal zehn Jahren. Abgesehen von ihrer Liebe zur Technik ist es der jungen Unternehmerin auch wichtig, anderen Menschen zu helfen. So spendet sie 10 bis 20 Prozent ihres Gewinns für wohltätige Zwecke, hat biologisch abbaubare Binden für Mädchen und Frauen in Entwicklungsländern kreiert und produziert Kurzfilme zum Thema Umwelt. Vor allem will die US-Amerikanerin Mädchen und jungen Frauen Mut machen, ihre Träume zu verwirklichen und ihren eigenen Weg zu gehen: »Ich sage jungen Menschen, dass du die Macht hast, die Welt zu einem besseren Ort zu machen. Du kannst etwas bewirken, und es ist egal, wie alt du bist.«[63]

SCHLUSSWORT

Von der wunderbaren Hedwig Dohm – die in diesem Buch an mehreren Stellen auftaucht – stammt ein Buch mit dem Titel *Werde, die Du bist!*. Das klingt erstmal widersprüchlich: Wie kann man werden, was man ist? Wenn man bereits etwas ist, muss man es ja nicht mehr werden! Oder? Im Prinzip geht es darum, dass du *du* bist. Und niemand anderes. Du musst dich nicht verändern oder anpassen, nur weil das von dir als Mädchen oder junger Frau erwartet wird. Genau das meint Hedwig Dohm: Finde zu dir selbst, werde die, die du in deinem Innersten bereits bist. Mach dich frei von den Erwartungen anderer und steh zu deiner Persönlichkeit, zu deinem Charakter, deinen Interessen, zu dem, was dir wichtig ist.

Ich hoffe, *How to be a girl* hat dich inspiriert und dir Mut gemacht, genau die zu werden, die du bist – oder die du gerne sein möchtest. Ich hoffe, du hast ein paar neue Vorbilder gefunden, die dir zeigen, dass es sich lohnt, deinen eigenen Weg zu gehen und für die Dinge zu kämpfen, die dir persönlich am Herzen liegen. Ich hoffe auch, du kannst jetzt ein bisschen besser mit all den Zwängen, Normen und Erwartungen umgehen, mit denen du dich als Mädchen herumschlagen musst. Und ich hoffe natürlich, dass das Buch dir Antworten geliefert hat – bin mir aber auch sicher, dass sich mindestens ebenso viele Fragen ergeben haben. Fragen, deren Beantwortung nicht immer leicht ist. Mit der ganzen Weisheit einer 30-Jährigen kann ich sagen: Manche Fragen beantworten sich irgendwann von selbst, bei anderen muss man mühsam nach der Antwort suchen und wiederum andere benötigen vielleicht gar keine Antwort. Fragen zu haben ist nichts Negatives, im Gegenteil: Die meisten Veränderungen fangen damit an, dass man Dinge infrage stellt.

Ich habe es schon im Vorwort geschrieben: *How to be a girl* will und kann keine Anleitung sein. Es kann dir nicht sagen, was dich (als Mädchen) ausmacht oder wie du dich zu verhalten hast. Aber es kann dich inspirieren und dir ein paar Werkzeuge in die Hand geben, die es dir leichter machen, deinen Platz in der Welt zu finden. Vor allem kann es dir zeigen: Du bist nicht allein! Es gibt jede Menge tolle Mädchen und Frauen, die sich trotz aller Schwierigkeiten nicht davon abbringen lassen, ihr Ding zu machen. Noch nach Fertigstellung dieses Buches habe ich fast täglich unglaubliche Mädchen und Frauen entdeckt – allen voran Emma Gonzalez: Die 18-jährige US-Amerikanerin engagiert sich seit einem Amoklauf an ihrer Schule für schärfere Waffengesetze und hat dabei keine Hemmungen, deutlich zu werden. »Genug ist genug«, rief sie in Richtung des US-Präsidenten Donald Trump, der bisher die mächtige Waffenlobby unterstützt und strengere Waffengesetze ablehnt. Den Hass, der ihr aufgrund ihres Engagements entgegenschlägt, nimmt Emma in Kauf. Sie lässt sich nicht unterkriegen. Wer mich noch beeindruckt hat, ist Chloe Kim: Die US-Amerikanerin mit südkoreanischen Wurzeln ist gerade einmal 18 und lässt auf ihrem Snowboard die Konkurrenz weit hinter sich. Schon mit 13 Jahren war sie so gut, dass sie sich für die Olympischen Winterspiele von Sotschi 2014 qualifizierte – wegen ihres Alters durfte Chloe aber nicht teilnehmen. Bei den Olympischen Winterspielen von Pyeongchang 2018 gewann sie mit ihrem Snowboard dann die Goldmedaille in der Halfpipe.

Du musst keine Emma Gonzalez oder Chloe Kim werden. Auch keine Hedwig Dohm, Frida Kahlo oder Malala Yousafzai. Wie gesagt: werde, die *du* bist! Das ist manchmal einfacher, manchmal schwieriger. Auf jeden Fall ist es etwas, das dir niemand abnehmen kann. Also, pack es an! Und zeig der Welt, was es bedeutet, ein Mädchen zu sein.

ANHANG

GESCHLECHT, SEXUALITÄT & ALLES, WAS DAZUGEHÖRT

Barker, Meg-John/Scheele, Julia: *Queer: A graphic history*, Icon Books, 2016.

Belge, Kathy/Bieschke, Marke: *Queer: The ultimate LGBT guide for teens*, Zest Books, 2011.

Dawson, Juno: *How to be gay: Alles über Coming-out, Sex, Gender und Liebe*, Fischer, 2015.

Friedman, Jaclyn: *What you really really want: The smart girl's shame-free guide to sex and safety*, Seal Press, 2011.

Henning, Ann-Marlene: *Make Love: Ein Aufklärungsbuch*, Goldmann, 2017.

Hills, Rachel: *The Sex Myth: The gap between our fantasies and reality*, Simon & Schuster, 2015.

Nagoski, Emily: *Komm, wie du willst: Das neue Frauen-Sex-Buch*, Knaur, 2017.

Nelson, Maggie: *Die Argonauten*, Hanser Berlin, 2017.

Orenstein, Peggy: *Girls & Sex: Was es bedeutet, in der Gesellschaft von heute erwachsen zu werden*, Mosaik, 2017.

Tanenbaum, Leora: *I am not a slut: Slut-shaming in the age of the internet*, Harper Perennial, 2015.

Urwin, Jack: *Boys don't cry: Identität, Gefühl und Männlichkeit*, Edition Nautilus, 2017.

Witton, Hannah: *Doing it: Let's talk about sex*, Wren & Rook, 2017.

MENSTRUATION

Henry, Clara: *Ja, ich habe meine Tage! So what?*, Beltz, 2016.

Kleen, Heike: *Das Tage-Buch: Die Menstruation – alles über ein unterschätztes Phänomen*, Heyne, 2017.

Stömer, Luise/Wünsch, Eva: *Ebbe & Blut: Alles über die Gezeiten des weiblichen Zyklus*, Gräfe und Unzer, 2017.

Weiss-Wolf, Jennifer: *Periods gone public: Making a stand for menstrual equity*, Arcade Publishing, 2017.

KÖRPER

BÜCHER

Albrecht, Magda: *Fa(t)shionista: Rund und glücklich durchs Leben*, Ullstein extra, 2018.

Brochmann, Nina/Støkken Dahl, Ellen: *Viva la Vagina! Alles über das weibliche Geschlecht*, S. Fischer, 2018.

Crabbe, Megan Jayne: *Body Positivity Power: How to stop dieting, make piece with your body and live*, Vermilion, 2017.

Gröner, Anke: *Nudeldicke Deern: Free your mind and your fat ass will follow*, Rowohlt Taschenbuch, 2013.

Kaller, Nunu: *Fuck Beauty! Warum uns der Wunsch nach makelloser Schönheit unglücklich macht – und was wir dagegen tun können*, Kiepenheuer & Witsch, 2018.

Luca, Corinne: *Am liebsten sind mir die Problemzonen, die ich noch gar nicht kenne: Schönheitswahn-Detox für die Frau von 0 bis 99*, Heyne, 2017.

Méritt, Laura: *Frauenkörper neu gesehen: Ein illustriertes Handbuch*, Orlanda, 2012.

Sanyal, Mithu M.: *Vulva: Die Enthüllung des unsichtbaren Geschlechts*, WAT, 2017.

Strömquist, Liv: *Der Ursprung der Welt*, avant-verlag, 2017.

ONLINE

BrustBeinePo: brustbeinepowordpress.com

Makellosmag: makellosmag.de

Vulvinchen: facebook.com/VULVINCHEN/ // instagram.com/vulvinchen/

GEISTIGE GESUNDHEIT

Brampton, Sally: *Das Monster, die Hoffnung und ich. Wie ich meine Depression besiegte*, Bastei, 2013.

Kuttner, Sarah: *Mängelexemplar*, Fischer, 2009.

Seyboldt, Franziska: *Rattatatam, mein Herz. Vom Leben mit der Angst*, Kiepenheuer & Witsch, 2018.

Weßling, Kathrin: *Drüberleben: Depressionen sind doch kein Grund, traurig zu sein*, Goldmann, 2013.

FEMINISMUS
BÜCHER

Adichie, Chimamanda Ngozi: *Mehr Feminismus! Ein Manifest und vier Stories*, Fischer, 2016.

Adichie, Chimamanda Ngozi: *Liebe Ijeawele: Wie unsere Töchter selbstbestimmte Frauen werden*, Fischer, 2017.

Ahmed, Sara: *Feministisch leben: Manifest für Spaßverderberinnen*, Unrast, 2017.

Ankele, Gudrun: *Absolute Feminismus*, orange-press, 2010.

Bates, Laura: *Girl up*, Simon & Schuster, 2016.

Korbik, Julia: *Stand up! Feminismus für Anfänger und Fortgeschrittene*, Rogner & Bernhard, 2014.

Moran, Caitlin: *How to be a woman: Wie ich lernte, eine Frau zu sein*, Ullstein, 2013.

Schrupp, Antje/Patu: *Kleine Geschichte des Feminismus im euro-amerikanischen Kontext*, Unrast, 2015.

Stokowski, Margarete: *Untenrum frei*, Rowohlt, 2016.

Tolokonnikowa, Nadja: *Anleitung für eine Revolution*, Hanser Berlin, 2016.

ONLINE

Die Störenfriedas: diestoerenfriedas.de

Feminismus im Pott: feminismus-im-pott.de

Kleinerdrei: kleinerdrei.org

Lila Podcast: lila-podcast.de

Pinkstinks: pinkstinks.de

FRAUENWAHLRECHT, POLITIK & ENGAGEMENT
BÜCHER

Blatzheim, Meike/Wallis, Beatrice (Hrsg.): *Jetzt tu ich was: Von der Lust, die Welt zu verändern*, Gulliver, 2014.

Karl, Michaela: *»Wir fordern die Hälfte der Welt!«: Der Kampf der Suffragetten um das Frauenstimmrecht*, Fischer, 2009.

Meiners, Antonia (Hrsg.): *Die Suffragetten: Sie wollten wählen – und wurden ausgelacht. Die mutigen Frauen aus Taten statt Worte*, Elisabeth Sandmann, 2016.

Rohner, Isabel/Beerheide, Rebecca (Hrsg.): *100 Jahre Frauenwahlrecht: Ziel erreicht – und weiter?*, Ulrike Helmer Verlag, 2017.

Sichtermann, Barbara: *Kurze Geschichte der Frauenemanzipation*, Jacoby & Stuart, 2009.

ONLINE

Mitmischen – Dein Portal zum Bundestag: mitmischen.de

Fluter: fluter.de

Deutscher Bundesjugendring: dbjr.de

Bundeszentrale für politische Bildung: bpb.de

GESCHICHTE

Fleming, Jacky: *Das Problem mit den Frauen*, Kiepenheuer & Witsch, 2017.

Lücker, Kerstin/Daenschel, Ute: *Weltgeschichte für junge Leserinnen*, Kein & Aber, 2017.

RASSISMUS & DISKRIMINIERUNG
BÜCHER

Abuzahra, Amani (Hrsg.): *Mehr Kopf als Tuch: Muslimische Frauen am Wort*, Tyrolia, 2017.

El Masrar, Sineb: *Muslim Girls: Wer sie sind, wie sie leben*, Herder, 2015.

Sow, Noah: *Deutschland Schwarz Weiß: Der alltägliche Rassismus*, Goldmann, 2009.

Thomas, Angie: *The Hate U Give*, cbt, 2017.

Ogette, Tupoka: *exit RACISM: rassismuskritisch denken lernen*, Unrast, 2017.

Otoo, Sharon Dodua: *die dinge, die ich denke, während ich höflich lächle ... und Synchronicity: Zwei Novellen*, Fischer, 2017.

ONLINE

Amnesty International: amnesty.de/kampagne-gegen-rassismus-deutschland

Aufstehen gegen Rassismus: aufstehen-gegen-rassismus.de

Bündnis gegen Rassismus: buendnisgegenrassismus.de

Pro Asyl: proasyl.de

Initiative Schwarze Menschen in Deutschland: isdonline.de

SEXUALISIERTE GEWALT & BELÄSTIGUNG

BÜCHER

Friedman, Jaclyn/Valenti, Jessica: *Yes means yes! Visions of female sexual power and a world without rape*, Seal Press, 2008.

Harding, Kate: *Asking for it: The alarming rise of rape culture – and what we can do about it*, Da Capo Lifelong Books, 2015.

Sanyal, Mithu M.: *Vergewaltigung: Aspekte eines Verbrechens*, Edition Nautilus, 2016.

ONLINE

Wildwasser e.V. (Beratung für von sexualisierter Gewalt betroffene Mädchen und Frauen): wildwasser.de

Hilfeportal sexueller Missbrauch: hilfeportal-missbrauch.de

Beratungsstelle gegen sexuelle Gewalt e.V.: beratung-bei-sexueller-gewalt-sz. de

TECHNIK & DIY

Eismann, Sonja/Köver, Chris: *Mach's selbst: Do it yourself* für Mädchen, Beltz & Gelberg, 2013.

Hoffmann, Julia/Sontopski, Natalie: *We Love Code! Das kleine 101 des Programmierens*, Koehler & Amelang, 2016.

Mühlsteph, Stefanie: *Technikgirl. Wenn Mädchen Technik lieben*, Schwarzkopf & Schwarzkopf, 2014.

VORKÄMPFERINNEN

Angelou, Maya: *I know why the caged bird sings*, Ballantine Books, 2009.

Bagieu, Pénélope: *Unerschrocken: Fünfzehn Porträts außergewöhnlicher Frauen*, Reprodukt, 2017.

Beauvoir, Simone de: *Memoiren einer Tochter aus gutem Hause*, Rowohlt Taschenbuch, 1968.

Bly, Nellie: *Zehn Tage im Irrenhaus: Undercover in der Psychiatrie*, AvivA, 2017.

Bocquet, José-Louis/Muller, Catel: *Die Frau ist frei geboren: Olympe de Gouges*, Splitter, 2013.

Bollmann, Stefan: *Frauen, die denken, sind gefährlich und stark*, Elisabeth Sandmann, 2015.

Brinker-Gabler, Gisela: *Frauen gegen den Krieg: Mit Texten von Helene Stöcker, Bertha von Suttner, der Frauenliga für Frieden und Freiheit u.a.*, Fischer, 2016.

Dohm, Hedwig: *Werde, die Du bist*, Hofenberg, 2015.

Eichel, Hans/Stolterfoht, Barbara (Hrsg): *Elisabeth Selbert und die Gleichstellung der Frauen: Eine unvollendete Geschichte*, euregioverlag, 2015

Favilli, Elena/Cavallo, Francesca: *Good Night Stories for Rebel Girls: 100 außergewöhnliche Frauen*, Hanser, 2017.

Folman, Ari/Polonsky, David: *Das Tagebuch der Anne Frank: Graphic Diary*, S. Fischer, 2017.

Frank, Anne: *Tagebuch*, Fischer, 2013.

Goldman, Emma: *Gelebtes Leben: Autobiografie*, Edition Nautilus, 2014.

Herrera, Hayden: *Frida Kahlo: Ein leidenschaftliches Leben*, Fischer, 2008.

Ignotofsky, Rachel: *Women in Science: 50 fearless pioneers who changed the world*, Ten Speed Press, 2016.

Karl, Michaela: *Streitbare Frauen: Porträts aus drei Jahrhunderten*, Piper, 2012.

Klapheck, Elisa: *Regina Jonas: Die weltweit erste Rabbinerin*, Hentrich und Hentrich, 2003.

Korbik, Julia: *Oh, Simone! Warum wir Beauvoir wiederentdecken sollten*, Rowohlt Taschenbuch, 2018.

Krämer, Sybille: *Ada Lovelace. Die Pionierin der Computertechnik und ihre Nachfolgerinnen*, Wilhelm Fink Verlag, 2015

Kristof, Nicholas D./WuDunn, Sheryl: *Die Hälfte des Himmels: Wie Frauen weltweit für eine bessere Zukunft kämpfen*, C.H. Beck, 2013.

Mernissi, Fatima: *Der politische Harem: Mohammed und die Frauen*, Herder, 1998.

Mernissi, Fatima: *Der Harem in uns: Die Furcht vor dem Anderen und die Sehnsucht der Frauen*, Herder, 2005.

Padua, Sydney: *The thrilling adventures of Lovelace and Babbage: The (mostly) true story of the first computer*, Penguin, 2016.

Queen Of The Neighbourhood Collective: *Revolutionäre Frauen: Biografien und Stencils*, edition assemblage, 2011.

Pankhurst, Emmeline: *Suffragette: Die Geschichte meines Lebens*, Steidl, 2016.

Rohner, Isabel: *Spuren ins Jetzt: Hedwig Dohm – eine Biografie*, U. Helmer, 2010.

Thimmesh, Catherine: *Girls think of everything: Stories of ingenious inventions by women*, Houghton Mifflin, 2002.

Van Steen, Uta: *Liebesperlen: Beate Uhse – eine deutsche Karriere*, Europäische Verlagsanstalt, 2003.

Vinci, Vanna: Frida: *Ein Leben zwischen Kunst und Liebe*, Prestel Verlag, 2017.

GIRL CRUSHES

Dekker, Laura: *Ein Mädchen, ein Traum: Solo um die Welt*, Delius Klasing, 2016.

Jennings, Jazz: *Being Jazz. My life as a (Transgender) teen*, Ember, 2017.

Penn, Maya S.: *You got this! Unleash your awesomeness, find your path, and change your world*, North Star Way, 2016.

Yousafzai, Malala: *Ich bin Malala: Das Mädchen, das die Taliban erschießen wollten, weil es für das Recht auf Bildung kämpft*, Knaur, 2014.

MAGAZINE

Brause*mag: brausemag.de

Rookie: rookiemag.com

Mädelsschnack: maedelsschnack.com

FUSSNOTEN

1   https://www.teenvogue.com/story/solange-knowles-letter-to-teenage-self-cover-story-music-issue

2   Vgl. https://de.wikihow.com/Ein-perfektes-M%C3%A4dchen-sein

3   Vgl. https://de.wikihow.com/Ein-gutes-M%C3%A4dchen-sein

4   Vgl. http://www.tagesspiegel.de/wissen/gender-in-der-biologie-es-gibt-mehr-als-zwei-geschlechter/13386730.html

5   Steht für: lesbian, gay, bisexual, transsexual/transgender und intersexual

6   http://www.mirror.co.uk/3am/celebrity-news/jaden-smith-hopes-gender-fluidity-8375462

7   https://www.vorwaerts.de/artikel/feministische-vaterschaft-alles-andere-waere-unan-staendig

8   http://people.com/tv/jazz-jennings-transgender-bottom-surgery-complications/

9   http://www.huffingtonpost.com/2013/07/24/lorde-interview_n_3644831.html

10 https://mic.com/articles/184481/at-just-16-years-old-natalie-nootenboom-made-ma-de-plus-size-history-at-new-york-fashion-week#.DRGEDLM3

11 https://www.manrepeller.com/2017/11/sophia-hadjipanteli-instagram-model-with-a-unibrow.html

12 Vgl. http://www.spektrum.de/news/essstoerungen-wie-magersucht-nehmen-zu/1439050

13 Vgl. http://www.nw.de/lokal/bielefeld/mitte/mitte/21848524_Jedes-dritte-Maedchen-leidet-an-Essstoerungen.html

14 Vgl. https://globalhealth.duke.edu/media/news/why-adolescent-girls-miss-school-rural-kenya

15 Vgl. http://www.newsweek.com/2016/04/29/womens-periods-menstruation-tampons-pads-449833.html

16 Vgl. https://www.vogue.com/article/amandla-stenberg-interview-gender-feminism-black-culture

17 http://www.slate.com/blogs/xx_factor/2017/10/07/in_praise_of_morgan_hurd_glasses_wearing_gymnastics_world_champion.html

18 Vgl. https://jezebel.com/meet-morgan-hurd-the-harry-potter-loving-world-champio-1819293712

19 http://periodika.digitale-sammlungen.de/zblg/seite/zblg41_0728

20 Vgl. https://www.bpb.de/gesellschaft/gender/frauenbewegung/35252/wie-alles-begann-frauen-um-1800?p=all

21 http://www.spiegel.de/spiegel/spiegelgeschichte/d-96823006.html

22 Vgl. Karl, Michaela (2011): Die Geschichte der Frauenbewegung, Reclam, Stuttgart, S. 79.

23 Vgl. http://www.bpb.de/gesellschaft/gender/frauenbewegung/35256/aufbauphase-im-kaiserreich

24 http://gutenberg.spiegel.de/buch/der-frauen-natur-und-recht-4775/2

25 http://www.deutschestextarchiv.de/book/view/lange_frauenwahlrecht_1896?p=6

26 Vgl. http://www.bpb.de/gesellschaft/gender/frauenbewegung/35261/erster-weltkrieg

27 Vgl. http://www.bpb.de/gesellschaft/gender/frauenbewegung/35261/erster-weltkrieg

28 Vgl. Notz, Gisela/Wickert, Christl (2008): SPD-Frauen im Reichstag (1919-1933) und im Bundestag (1949-1972), in: Ferner, Elke (Hrsg., 2008): 90 Jahre Frauenwahlrecht! Eine Dokumentation von Ursula Birsl, Gisela Notz, Inge Wettig-Danielmeier und Christl Wickert, vorwärts buch, S. 41.

29 Vgl. Stolle, Christa: Geschlechtsspezifische Gewalt – Der lange Weg zur Gleichberechtigung, in: Rohner, Isabel/Beerheide, Rebecca (Hrsg., 2017): 100 Jahre Frauenwahlrecht. Ziel erreicht! ... und weiter?, Ulrike Helmer Verlag, Sulzbach/Taunus, S. 153.

30 Hervé, Florence (2003): Absolute Simone de Beauvoir, orange-press, Berlin, S. 9.

31 Vgl. Gebhardt, Miriam (2012): Alice im Niemandsland, S. 149f.

32 Vgl. http://www.bpb.de/politik/grundfragen/parteien-in-deutschland/zahlen-und-fakten/140358/soziale-zusammensetzung

33 Vgl. http://www.bpb.de/politik/grundfragen/parteien-in-deutschland/kleinparteien/42106/fdp

34 Vgl. http://www.bpb.de/politik/grundfragen/parteien-in-deutschland/kleinparteien/211108/afd

35 Vgl. https://www.welt.de/politik/deutschland/article169078778/Diese-Fraktionen-haben-den-geringsten-Frauenanteil.html

36 Vgl. Sanyal, Mithu M.: Bürger*innen sein – ein Beginner's guide, in: Rohner, Isabel/Beerheide, Rebecca (Hrsg., 2017): 100 Jahre Frauenwahlrecht. Ziel erreicht! ... und weiter?, Ulrike Helmer Verlag, Sulzbach/Taunus, S. 144.

37 Vgl. https://www.boeckler.de/106575_108373.htm

38 Vgl. http://fra.europa.eu/en/publication/2014/violence-against-women-euwide-survey

39 Vgl. http://www.unwomen.org/en/what-we-do/ending-violence-against-women/facts-and-figures

40 Vgl. http://www.unwomen.org/en/what-we-do/ending-violence-against-women/facts-and-figures

41 Vgl. http://www.unwomen.org/en/what-we-do/ending-violence-against-women/facts-and-figures

42 Vgl. http://www.unwomen.org/en/what-we-do/ending-violence-against-women/facts-and-figures

43 Vgl. https://www.unesco.de/bildung/alphabetisierung.html

44 http://www.kindernetz.de/infonetz/politik/frauenrechte/malalarede/-/id=271614/nid=271614/did=286006/a46uoz/index.html

45 http://www.refinery29.com/2016/08/119066/rowan-blanchard-photos-girl-meets-world-interview

46 https://www.teenvogue.com/story/rowan-blanchard-comes-out-as-queer

47 http://www.kindernetz.de/infonetz/politik/frauenrechte/malalarede/-/id=271614/nid=271614/did=286006/a46uoz/index.html

48 http://www.refinery29.com/2016/08/119066/rowan-blanchard-photos-girl-meets-world-interview

49 https://www.teenvogue.com/story/rowan-blanchard-comes-out-as-queer

50 Vgl. http://www.uni-bielefeld.de/psychologie/abteilung/arbeitseinheiten/05/Diehl_Rees_Bohner_Kommentar-zur-Sexismus-Debatte_lang_2013-02-07.pdf

51 Vgl. https://www.theguardian.com/world/2017/dec/12/sexual-harassment-rife-in-schools-but-largely-unreported-study-says

52 Vgl. https://www.n-tv.de/panorama/Jeder-sechste-Schueler-ist-Opfer-von-Mobbing-article19799433.html

53 http://www.telegraph.co.uk/women/life/maisie-williams-im-fed-up-with-being-called-cute-im-bossy-and-and-proud/

54 http://www.telegraph.co.uk/culture/tvandradio/game-of-thrones/11337444/Game-of-Thrones-Maisie-Williams-online-bullies-tried-to-ruin-my-life.html

55 http://www.telegraph.co.uk/women/life/maisie-williams-im-fed-up-with-being-called-cute-im-bossy-and-and-proud/

56 http://www.taz.de/!5341130/

57 http://edition.cnn.com/2017/07/18/europe/hijab-emoji-teenager/index.html

58 Vgl. Studie

59 Vgl. http://www.zeit.de/gesellschaft/zeitgeschehen/2015-10/shell-jugendstudie-2015-politik-interesse-politikverdrossenheit-fluechtlinge

60 Vgl. https://www.npr.org/sections/thetwo-way/2017/07/19/538112799/with-speeches-and-bright-dresses-quincea-eras-protest-texas-sanctuary-city-ban

61 http://www.spiegel.de/lebenundlernen/schule/segelmaedchen-laura-dekker-weltreise-eines-wunderkindes-a-810688.html

62 http://www.ebony.com/life/coolest-black-kid-in-america-no-8-maya-penn-888#axzz4yOsQfj9

63 http://www.ebony.com/life/coolest-black-kid-in-america-no-8-maya-penn-888#axzz4yOsQfj95

Korbik, Julia
HOW TO BE A GIRL – Stark, frei und ganz du selbst
ISBN 978 3 522 30509 9

Lektorat: Natalie Tornai
Layout und Gesamtgestaltung: Favoritbüro, München
Innentypografie: Swabianmedia, Eva Mokhlis, Stuttgart
Reproduktion: Digitalprint GmbH, Stuttgart
Druck und Bindung: Balto Print, Vilnius

NUR EIN JOB ODER GENAU DER RICHTIGE BERUF?

Michalis Pantelouris
Werde das, was zu dir passt
Vom Traum zum Beruf

192 Seiten · Broschur
ISBN 978-3-522-30214-2

Stell dir vor, du ergreifst einen Beruf, der dich erfüllt und glücklich macht – und verdienst damit auch noch Geld. Das geht. Wenn man auf ein paar Sachen achtet. Setzt du gern deinen Kopf ein oder arbeitest du lieber mit den Händen? Vielleicht ist es dir am wichtigsten, viel mit Menschen zu tun zu haben? In diesem Buch findest du spannende Porträts von Menschen, die erzählen, was sie an ihren Berufen fasziniert. Tipps und Tests für die Berufswahl.

GABRIEL
Was wirklich zählt!

www.gabriel-verlag.de

Kompromisslos mutig

Das erste Eintragealbum für die ganze Familie

Nina Scheweling
Mein Buch über meine Familie und mich

208 Seiten · Broschur
ISBN 978-3-522-30318-7

In diesem Album ist Platz für Oma, Opa, Mutter, Vater, Bruder, Schwester, Onkel, Tante ... und natürlich für den Besitzer selbst. In insgesamt über 1000 Fragen erzählen die Familienmitglieder von ihrer Kindheit und Jugend, äußern persönliche Gedanken und Wünsche für die Zukunft. Zusätzlich gibt es Seiten, die von allen gemeinsam gestaltet werden – mit Fingerabdrücken, dem Zeichnen der Lieblingstiere oder einem Familienbarometer. Platz für Familienfotos und den Stammbaum ist natürlich ebenfalls vorhanden. So entsteht eine wunderschöne Erinnerung an die eigene Familie, ein Familienporträt, das man auch viele Jahre später gern wieder und wieder durchblättert.

GABRIEL
Was wirklich zählt!

www.gabriel-verlag.de